ヒューマンブランドシリーズ
第13弾

マネジメントシリーズ第1弾

幹部になったら知っておきたい

マネージャー入門

ブレインワークス 著

カナリア書房

まえがき

優れた交渉能力で実績を残す営業パーソンや天性のセンスを持ったクリエイター、はたまた、専門知識を武器にするエンジニアなど。会社にはさまざまな職種があり、役割の人々が働いています。その職種、役割の中で「マネージャー」と聞くと、皆さんはどんなイメージを抱きますか。

本書でも述べているように、私たちは「マネージャー」は究極の専門職だと考えています。営業パーソンやクリエイター、エンジニアといった職種の人々は、実績を積み上げたり、モノをつくりあげるといった明確な役割が定められています。それと比較すると、マネージャー職の役割は曖昧と捉えられてしまうことが少なくありません。

会社はさまざまな役割の人たちが共通の目的のもと、日々の業務に従事している場です。それをひとつの組織として束ね、牽引していく役割を担うのがマネージャーの最大のミッションです。しかし、その役割を担うためには、マネージャーとしての基礎知識、行動原則を身につけておかなくてはなりません。つまり、マネージャーは企業経営の幹部として、あらゆる活動に責任を持ち、実行し、目標達成に導いていくのです。そう考えると、マネージャー職も、営業パーソンやクリエイター、エンジニアと同様に、明確な目標がある職種といえるでしょう。

マネージャーは、会社のあらゆる活動の意味を捉え、その活動の実践者でなくてはなりません。だからこそ、身に付けるべきスキルも高度なレベルを要求されます。それらをひとつずつ地道に、着実に克服することが、真のマネージャーに近づく唯一の方法といっても過言ではありません。
本書は、経営幹部として第一歩を踏み出すマネージャーの方々が身に付けておくべき、基礎知識から役割、心構え、スキルを１冊にまとめています。新たに部下を持つことになった新人マネージャーの入門書としても活用できますし、仕事経験を豊富に持つ中堅マネージャーにとっては、自身のマネジメントを見直す良い機会になります。また、さまざまなプロジェクトを推進する役割を担うプロジェクトマネージャーの方々が読んでも参考になるはずです。業種業態を問わず、マネージャー職の“いろは”が学べる１冊といえます。

経済状況が日増しに厳しくなる日本はもちろんのこと、急激な経済成長によりグローバルな視点が求められるアジア各国においても、企業の浮沈の鍵を握るのはマネージャーの実践力です。マネージャーが率先垂範の精神で行動すれば、多くの困難は克服できるはずです。それこそが、マネージャーの最大の使命であり、最高の喜びとなるでしょう。
本書が、真のマネージャーとして活躍する第一歩を踏み出す一助となれば幸いです。

ブレインワークス

CONTENTS

＜マネージャーの役割例＞

1. 部下のマネジメント

2. 組織力強化

第3章 マネージャーに必要なスキル

第１章

マネージャーに必要な基礎知識

マネージャーとは？

マネージャーの定義は企業によって捉え方が異なります。例えば、ひとつの部署や部門を任された責任者をマネージャーと考える企業があれば、部下を持った時点でマネージャーとする企業もあるかもしれません。あるいは、ホテルの支配人や飲食店の店長をマネージャーと呼ぶ場合もあるでしょう。

このように、マネージャーの範囲は広く漠然としているなか、本書では日本における課長職以上をマネージャーとして定義しています。

では、マネージャーの役割とはどのようなものでしょうか。その前に“マネジメント”について理解しておきましょう。

マネジメントとは人を動かして成果を出すことです。つまり、マネージャーとは、担当する組織の管理・監督者としてチーム

マネージャーの定義

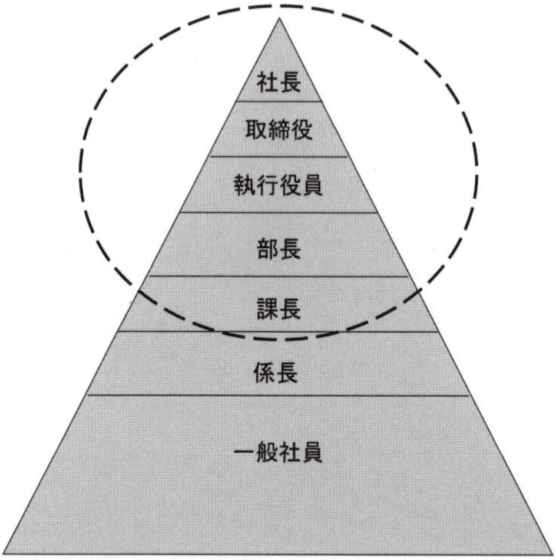

を束ね、人的資源を最大限に活かすことで組織の目標を達成させる人のことをいいます。マネージャーは自分の仕事のことだけを考えるのではなく、大所高所から組織のこと、メンバーのこと、さらには会社や社会のことを広く視野に入れ、仕事を進める必要があります。

この章では、会社の役割や企業経営などに関する基礎知識をお伝えします。社員が属する会社のこと、会社が属する社会のことを知ることが、一人前のマネージャーになるための第一歩です。

ただ、本書はマネージャーの方のみを対象としているわけではありません。将来マネージャーを目指す人やプロジェクトの遂行責任者であるプロジェクトマネージャーが読んでも役に立つ内容を意識した構成としています。

マネージャー職には、新入社員として入社後すぐに就くわけではありません。営業や販売、企画、開発などを始めとするいろいろな業務を通じて仕事の経験を積み、やがて専門職としての活躍を認められてマネージャーに昇進するのが一般的です。マネージャーになるまでのこうしたプロセスを地道に歩みながら、一方でマネジメントに必要な知識を少しでも早くから身につけることは、業務の遂行能力を高めるためにもとても重要なことです。

会社とは？

社会人の第一歩として、多くの人が会社に入社し、そこでさまざまなビジネスに携わることになります。では、そもそも会社とは一体なんでしょうか？

「会社」とは、法律で認められた組織のことをいいます。具体的には、法人格を有する組織のうち、株式会社や有限会社、合同会社、合資会社など、法人名に「会社」という名称を含む組織のことです。これは日本における資本主義社会を前提とした話ですが、実際には国によって会社のあり方はさまざまです。

では、会社の目的とは何でしょうか。例えば、経営学者であるピーター・ドラッカーは「企業の目的は顧客を創造すること」と著書で述べています。つまり、顧客の創造こそ、会社や事業の目的のひとつと語っています。その目的に向かって、所属する人々が活動を共にするのです。

とはいえ、そのような顧客創造のための活動に必要なのは、その源泉となる利益といえます。利益がなければ、会社の存続すら危うくなり、活動すらできなくなるからです。シンプルに考えると、会社の目的とは〝利益を上げること〟と言い換えることができます。会社は資金を元手に商品やサービスを生み出し、顧客に販売します。そして得た利益を元手に、また新たな

事業活動サイクル

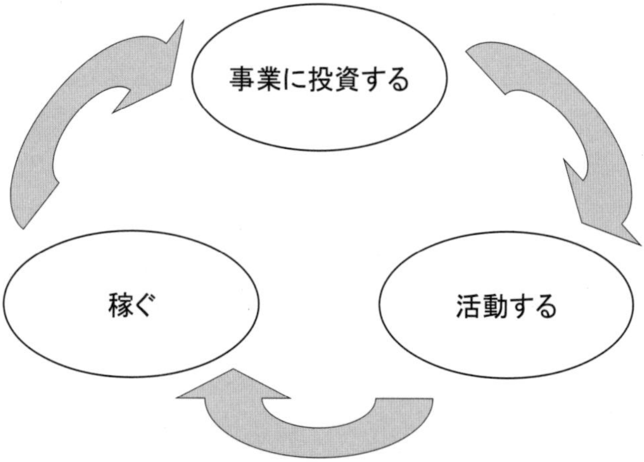

商品やサービスを開発します。このように、事業サイクルを通じて利益を上げることで会社は成長し、存続できるのです。利益を上げなければ存続は困難となり、顧客や取引先、従業員やその家族などに多大な迷惑をかけることになります。

だからこそ、マネージャーに必要な基礎知識を学ぶ上では、事業活動の源泉となる利益の確保が、まずは会社の最大の目的であると理解しておくことが大切なのです。

社会と会社の関係

マネージャーに必要な基礎知識のひとつ目は、会社の役割や活動を理解した上で、社会と会社の関係を理解することです。

会社は社会の一員である以上、社会に対して責任を負っています。近年では、先進国を中心にCSR（Corporate Social Responsibility／企業の社会的責任）に力を入れる会社が増え

個人と組織と社会の関係

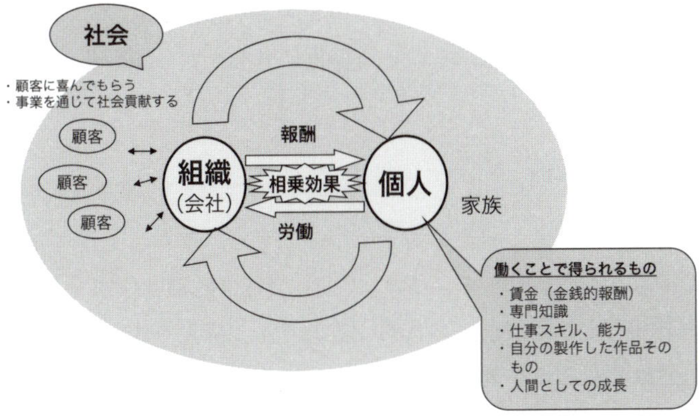

てきました。CSRとは、会社が利益を追求するだけではなく、顧客や株主、従業員、取引先、地域社会などのステークホルダーに対して責任ある行動を取ることを意味します。会社が広く社会という枠組みの中で責任を果たしていくためにも事業を通じて利益を出し続けることが前提となります。そして、グローバル化によってボーダレス経済が進展している今、アジア新興国の会社も社会責任を問われる時代が目の前に迫っているといえます。

また、日本などの先進国では、すでに社会に対する会社の貢献意識は根づいてきています。一方、成長著しいアジアの国々では、社会貢献を事業活動の重要な要素と考えている会社はまだ少ないようです。

当社の拠点があるベトナムでは、自分自身や家族に対する意識は強い反面、会社組織に対する意識は希薄であると感じます。会社に対する意識が薄いということは、顧客や取引先はもちろん、会社が属する社会に対する意識も低いということです。ベトナムを始めとするアジア新興国で事業を展開する会社は、グローバルスタンダードの組織マネジメントに近づくためにも、会社組織に対する意識を改める時期にさしかかっているといえます。

人と組織の関係

では次に、人と組織の関係について考えてみましょう。会社は組織として活動しています。つまり会社は組織で仕事をして、成果を出すことが求められているのです。個人の能力を高める努力はもちろん必要です。しかし一方で、ひとりの人間が対応できる範囲には限りがあります。組織として活動する以上、一致団結してチームワーク力を高める必要があるのです。

これは集団スポーツに当てはめるとイメージしやすいかもしれません。例えばサッカーでは、選手を中心に監督やマネージャー、スタッフが一丸となって試合に挑むことで、個人よりもより強い大きなパワーが生まれます。もちろん、一人のスーパープレーヤーの存在がチームを牽引し、試合を勝利に導くこともあるかもしれません。ですが、その選手が怪我やスランプに陥ったり、他のチームに移籍した場合はどうでしょうか。おそらく、チーム全体の戦力が低下し、試合に勝つのは難しくなるでしょう。このように、組織で活動する場合、ひとりのスーパープレーヤーに頼ればいいわけではないのです。

これは会社も同じです。ひとりのやり手のビジネスパーソンが成果を上げていても、組織全体として利益を出し、企業が存続しない限り意味がありません。個人の活躍に期待するのではなく、チームワーク力を発揮して組織全体で成果を上げるのです。

また、人と組織の関係で大切なことがもう一つあります。それは学習する組織であるべきということです。例えば、一人の社員が失敗をした場合、一人の失敗だと局所的に捉えるのでは組織としての成長はありません。社員全員が、組織全体の失敗だと、認識し、その失敗から何かを学び取ることが、人と組織の成長につながるということをよく理解しておいてください。成功も失敗もチーム全体で共有し、成長していく。これこそが学習する組織のあるべき姿なのです。

報酬は誰から得るものか

私たちの給料は当然ながらお客様からいただいています。会社は商品やサービスをお客様に提供し、満足してもらうことで新規顧客やリピーター顧客が増えていきます。すると、商品やサービスを利用してくれるお客様の数が増大し、それに比例して利益がますます上がっていきます。こうして利益が出るからこそ、会社は社員に給料を払うことができるのです。

ところが、若手社員を対象とした企業研修で「みなさんは給料を誰からもらっていますか？」と質問すると、「会社からもらっている」「社長からもらっている」と答えが返ってくることがあります。当社が企業研修を展開しているアジアに関しては、こうした答えがほとんどだといえるかもしれません。「自分の給料はお客様からもらっているのですよ」と話をすると、一様に驚き、そしてその理由を説明すると納得の表情を浮かべます。意外なのは、アジアや日本の若手社員だけでなく、日本のミドル社員の中にも勘違いしている人が案外多いということです。

日本は顧客目線で仕事をしているといわれています。とりわけここ最近は顧客満足度（CS：Customer Satisfaction）の向

報酬は誰から得るものか？

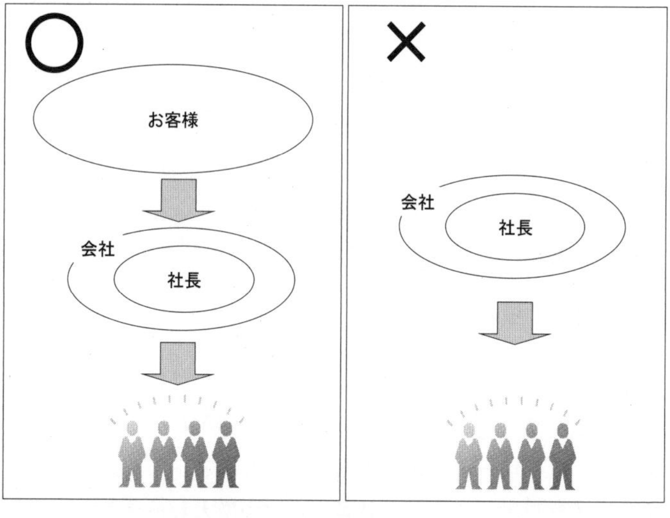

上に力を入れる会社が増えました。会社組織はもちろん、役所や病院も顧客満足度を考える時代です。当然ながらホテルやレストランなどではサービス向上に日々研鑽しています。

しかし、一方では顧客満足よりも、自分の会社や上司の顔色だけを見ながら仕事をしている人がいます。「顧客を大切にする」と言いながら、自分の立場やメンツだけを優先している人が案外多いのではないでしょうか。こういう人は、おそらく自分の給料は会社から支払われていると勘違いしているのでしょう。

先進国と比べて顧客サービスの品質が後進国の領域にある国では、「お客様にきめ細かなサービスを提供するのは余計な仕事だ」という考えがまだまだ一般的です。「人のためになぜ働かないといけないの？」「自分が仕事で結果を出せばそれでいいんでしょ？」と考えている人に対して、「お客様を見て仕事をするように」と教育するのは大変です。「自分の給料は会社からもらっている」と考えている人にとって、顧客対応は必要のない仕事だからです。

この場合、「自分の給料はお客様からもらっている」という考え方をまず理解することで、どこの国の人であろうと関係なく、顧客サービスの必要性に気づくことができます。顧客に商品やサービスを提供し、満足していただくことで対価がもらえる。これで初めて商売が成立することを理解すれば、顧客サービスに対する姿勢がおのずと変わるものです。

最大の企業リスクとは？

会社の目的は利益を上げ、存続することだとお伝えしました。ということは、企業の最大のリスクはその反対を考えれば導き出せます。つまり、利益が下がり、存続できないこと、つまり倒産です。

日本のビジネス環境は、ひと昔前には考えられなかった倒産リスクに晒されているといっても過言ではありません。少子高齢化社会、成熟社会を迎えたいま、高度成長時代のようにモノを販売すれば売れる時代ではなくなりました。商品を買う人、サービスを利用する人が減り続ける中、各社は前年以上の売上目標を立てて熾烈な販売合戦を繰り広げています。モノ余りの時代にあってもなお、終わりなき消耗戦を続け、ついにその戦いから身を引いたり、脱落する会社が増えています。ばく大な開発費をかけて商品やサービスを生み出しても、それが十分に売れて利益を上げることが非常に難しい時代となったのです。

グローバル経済の到来も新たな倒産リスクをもたらしています。すでに日本という小さな枠組みで経済が成り立つ時代は終わり、アジアを始めとした世界でビジネスをしないと利益を上げることが難しくなりました。そのグローバル化の波に乗り遅れ、日本だけの商売に固執すれば、海外に視線を向けた取引先から見放され、仕事がもらえない状況を招きかねません。あるいは、海外から日本に外資系の優良企業が進出し、市場構造が

想定される経営リスク

お客様の厳しい要求／クレーム／トラブル／風評／労働災害／天災／取引先の倒産／知的所有権の侵害／社員の犯罪／過剰雇用／カントリーリスク／社員の労務問題／社員のプラバシー保護／情報セキュリティ／火災／交通事故／コンプライアンスetc.…

大きく転換してしまうこともあるでしょう。

例えば、数年前、米国では会計不正事件で大手企業が倒産に追い込まれています。日本でも、数々の不祥事が食品会社などで蔓延し、こちらも廃業に追い込まれるケースが相次ぎました。『内部統制』というキーワードがビジネスの現場で飛び交い、コンプライアンスの遵守という命題を企業に突きつけています。

企業は従来になかった新種のリスクに向き合うことを余儀なくされる中、利益を上げて存続していかなければなりません。逆に考えると、こうした時代だからこそ、まっとうにビジネス展開している企業が顧客に認められる時代だといえるのかもしれません。

顧客満足度と従業員満足度

「報酬は誰から得るものか」の項目でお伝えしたように、事業活動で利益を上げるためには、商品やサービスをお客様に満足してもらう必要があります。

1980年代から日本でも多くの企業が顧客満足経営を掲げ始めました。これは文字通り、顧客の満足を高める取り組みのことをいいます。

高度成長期に入った約40年前の日本は「売り手市場」の時代だといわれていました。戦後の日本にはモノがなく、つくれば売れる大量生産・大量消費が経済を支えていたのです。売り手である企業は商品を大量生産し、買い手である消費者はモノ不足を補うために商品を買い揃えていく。この両者の間には、顧客満足というサービスの仕組みがいまほど充実していませんでした。企業はモノを販売していれば、商品に不満を感じて他社に目移りする人が出ても、離れていった顧客以上に新規の顧客が必ず見つかったからです。ベトナムなど新興国の現状は、この時代の日本に似ているかもしれません。

ところが日本はその後、次第にモノがあふれる時代に移行していきました。そして、努力しなければモノが売れない時代になったのです。さらに、消費者の嗜好が多様化したことも、モノが大量に売れない時代に拍車をかけています。

売れない時代に商売するということは、良い商品を提供するだけでは消費者の心が動かないことを意味します。そこで、顧客をつなぎとめ、リピーターとして何度も商品を購入したり、サービスを利用してもらうための新たな工夫が必要になってきたのです。その活動が顧客満足の向上を目指した取り組みです。下図は顧客満足を向上させるための要素を図式化したものです。

顧客満足度とは

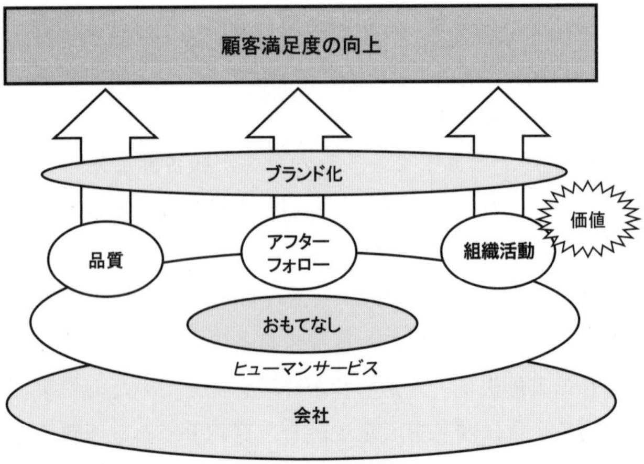

顧客満足を実現させるための３本柱として「品質」「アフターフォロー」「組織活動」があります。顧客満足の向上を目指すためには、商品やサービスの「品質」の向上や「アフターフォロー」の充実を徹底し、それらを個人でなく「組織活動」とし

て実践することが大切です。

さらに、日本ならではの商習慣として「おもてなし」の心があります。これは、「品質」「アフターフォロー」「組織活動」の土台を形成するもので、当社では〝ヒューマンサービス〟という総称で呼んでいます。実はこのヒューマンサービスの部分こそが顧客満足を高めるために最も大切だと考えています。

話をまとめると、顧客満足を高めるためには「品質」の向上や「アフターフォロー」の徹底を「組織活動」として実践することが大切で、そのベースに「おもてなし」の心が必要だということです。日本の顧客満足経営はすでに過剰であるといわれることもありますが、顧客の満足を無視した経営では利益を上げることができないのです。

ベトナムなどのアジア新興国も近い将来、日本と同じように顧客満足の必要性が叫ばれる日が来るのは間違いありません。

CSとESの関係

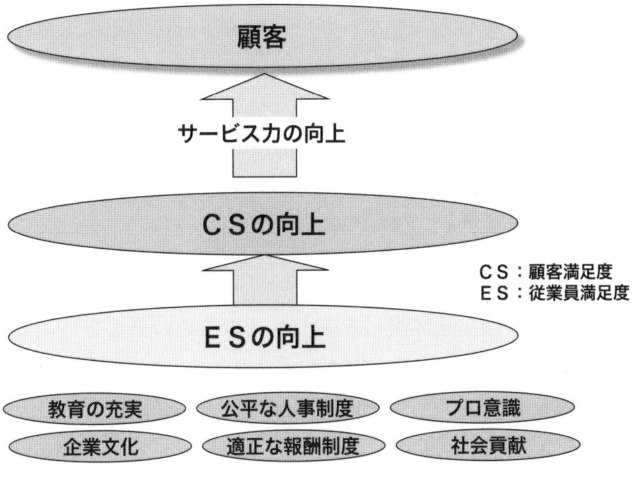

グローバル経済が進展しているいま、日本が経験してきた時代の変遷よりも急激な変化に翻弄される可能性もあります。アジア新興国は日本などの事例に学び、いまから顧客満足の取り組みに力を入れておく必要があるでしょう。

また、会社経営においては従業員満足度（Employee Satisfaction）を高めることも大切です。お客様に日々接しているのは従業員です。だからこそ、お客様に満足いただける対応を徹底させるためにも、従業員が満足できる環境の整備も必要なのです。

従業員の満足度が高いということは、組織の一員として貢献することに喜びを感じ、高い意欲で業務に取り組んでいることを意味します。それは結果として組織の目標達成につながり、ひいては企業活動に必要不可欠の要素である顧客満足を高めることにも大きな影響を与えるのです。

もちろん、従業員満足度を追求することなく顧客満足度を高める取り組みを行うことは可能でしょう。しかし、従業員の満足が高い組織と比べると、その成果には大きな差が生じることは間違いありません。マネージャーは顧客満足の追求を目指しながらも、同時に従業員一人ひとりが高いモチベーションを保ち、いきいきと働ける組織づくりを行う役割を担っているのです。

企業ブランドとは？

では次に企業のブランド力について考えてみましょう。企業のブランド力は、顧客満足を向上させるための重要な要素のひとつです。そこでもう一度、図を参考に話を進めたいと思います。

顧客満足を高めるためには、会社組織として「品質」「アフターフォロー」「組織活動」を行うことが必要で、その土台を形成しているのがヒューマンサービスにおける「おもてなし」であると述べました。「企業のブランド化」は、これらの要素を個人ではなく組織で実践することで実現します。あくまで個人ではなく、組織で力をあわせることがポイントです。

例えば、レストランをイメージするとわかりやすいかもしれません。腕のいいシェフがいくら美味しい料理をつくっても、それをお客様に提供するホールスタッフの対応がいまいちではお客様は満足しません。また、ひとりのホールスタッフの対応は優れていても、別のスタッフの対応がいい加減では同じくお客様に満足してもらうことはできないでしょう。

多店舗展開しているチェーンレストランの場合はどうでしょうか。A 店舗の場合、料理やスタッフのサービスはすばらしく、リピート顧客が数多くいるとしましょう。しかし、B 店舗では様子が違いました。B 店舗の料理の味はいまいちで、ホールスタッフも対応にも心がこもっていません。この場合、A 店舗

A 店舗と B 店舗のギャップ

でこのチェーンレストランのファンになった人が、B店舗に足を運ぶと期待を裏切られたという気分に陥ります。そして、このチェーンレストラン全体に対する印象が悪くなるのです。

お客様はどの店も同じ品質、同じ人的サービスを求めています。店舗によって顧客対応に差があることで、チェーンレストラン全体に対する信頼や期待が裏切られ、失望に変わってしまうのです。つまり、「品質」「アフターフォロー」「組織活動」のどれかひとつでも欠けると、会社のブランドは築けないということです。

会社におけるブランドは、ひとりの努力、ひとつの店舗の努力で築けるものではありません。まさに会社のブランドは組織全体でつくらないといけないのです。

経営理念、経営目標について

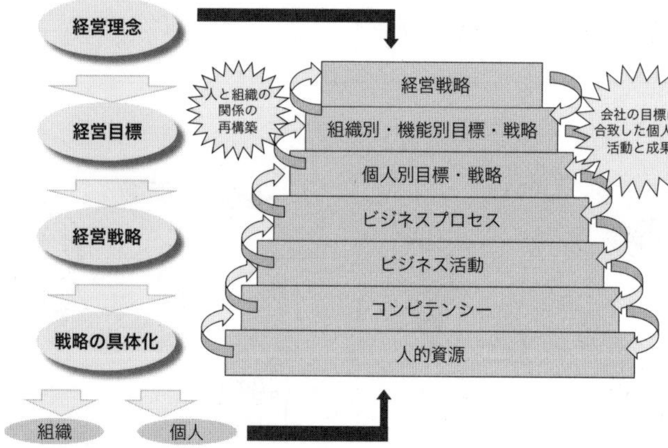

会社が目指す方向は？

会社は組織で活動し、組織で成果を上げることを目指しています。よって、組織に属するメンバー全員が一致団結し、同じ方向を向いて全力疾走する必要があります。しかし、一人ひとり個性も考え方も違うメンバーの心をひとつにまとめ、同じ方向に向かせるのは容易なことではありません。そこで必要となるのが経営理念や経営目標などです。

経営理念とよく似た意味合いで、経営ビジョンや経営ミッションと表現されていることもあります。本書では、会社としてどうあるべきかという存在意義と、将来にわたって何を達成すべきかという使命を表したものを、経営理念と定義しています。経営理念は、社長の交代や環境の変化があっても簡単に変

共通のバスにのる

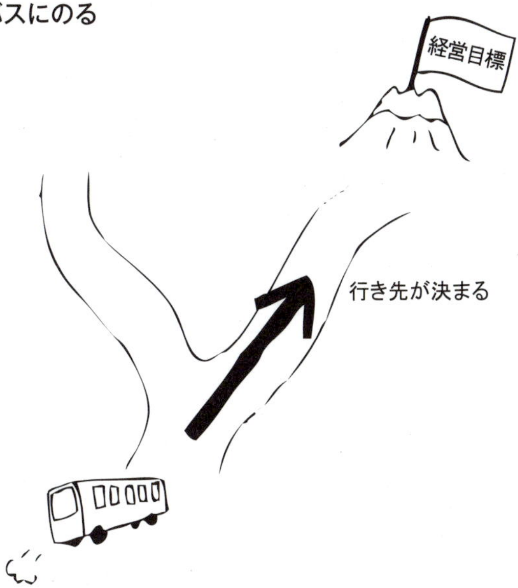

わることのない普遍的なものです。まさに会社のDNAといえるでしょう。組織に属するメンバーは、経営理念の意味を深く理解し、共感することで、会社の一員として働く意義を見出します。つまり、経営理念は組織のメンバー一人ひとりの心を束ねる強力な求心力といえるのです。

そして、経営理念を実現するために、より具体的で実行性のある姿を経営目標として、示します。経営理念が組織を束ねる求心力なら、経営目標は会社が目指すべきマイルストーンといえます。組織のメンバー全員が同じ方向を向くためには、目指すべき場所が必要です。その目指すべき場所を経営目標として社員に指し示すと、それに基づいて事業部目標や個人目標にブレイクダウンしていきます。そうすることで、全社一丸となって経営理念の実現に向かって、走り出すことができるのです。

世界的なベストセラーである『ビジョナリー・カンパニー2』では、組織のメンバーが同じ価値観で働くことを〝共通のバスに乗る〟という比喩を用いて説明しています。同じ価値観を持つ者同士が共通のバスに乗り、価値観が異なる人はバスから降りてもらうことで、自然と行く先は決まると説いています。

どの会社にも社長が目指す方針や目標はあるでしょう。大切なことは、それを社員一人ひとりに心から理解させることです。マネージャーは会社と社員の間に立ち、実践者として理念と目標を末端の社員にもわかるよう噛み砕き、丁寧に説明する必要があるのです。

社長の責任と役割

社長の責任と役割を説明する前に、社長と経営者の意味の違いを説明しなければなりません。経営者は会社経営に対して責任を持つ、社長も含んだ取締役や執行役員を指します。社長は、

経営者の定義

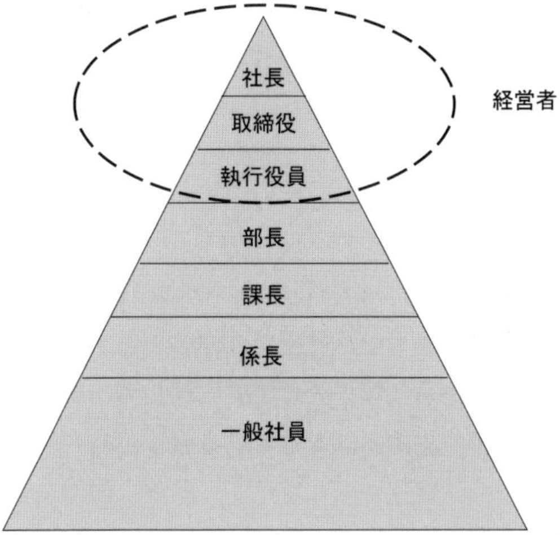

会社経営上のトップで、最高責任者です。また、社長は会社法上の代表権を持つ取締役、すなわち代表取締役であるケースが多いといえます。では、社長の責任と役割とは何でしょうか。それは大きく分けるとふたつあります。ひとつは、会社を目的地まで運ぶための「経営の舵取り」です。そしてもうひとつは、会社組織のマネジメントや顧客折衝などを行う「現場のマネジメント」です。

前者の経営の舵取りは、飛行機のパイロットを例に出すとわかりやすいでしょう。パイロットは操縦席に座り、目的地への到達はもちろん、乗客乗員の命も含めた全責任を負っています。社長も同じく、企業の成長と存続、顧客や従業員、地域社会との関係に至るまで、会社経営における全責任を負っています。そして、会社という名の飛行機の操縦席に座り、全責任を負ってその飛行機を目的地まで運んでいるのです。

パイロットは飛行中に操縦席から離れることはありません。コクピットに集まる情報をもとに的確な判断を下し、安全な空路を選択しながら飛行機を目的地まで運んでいます。もしパイロットが操縦中に席から離れ、目的地を見失うとどうなるでしょうか。パイロットはスタッフを信頼して操縦席に座り、コクピットに集まる情報を瞬時に判断し、安全運行につなげているのです。

社長もコクピットに座るパイロットと同じです。社長は、自社の経営におけるあらゆる情報を自分の手元に集め、瞬時に把握し、迅速な意思決定を行う必要があります。この意味で、社長には集めた情報を読み取る力が求められます。いくら情報が手元にあっても、社長がそれを見て、直ちに異常の兆候に気づかなくては意味がないからです。

社長が求める情報は売上情報や顧客情報、営業情報などさまざまありますが、いち早く把握すべき情報のひとつにクレーム

社長の責任と役割

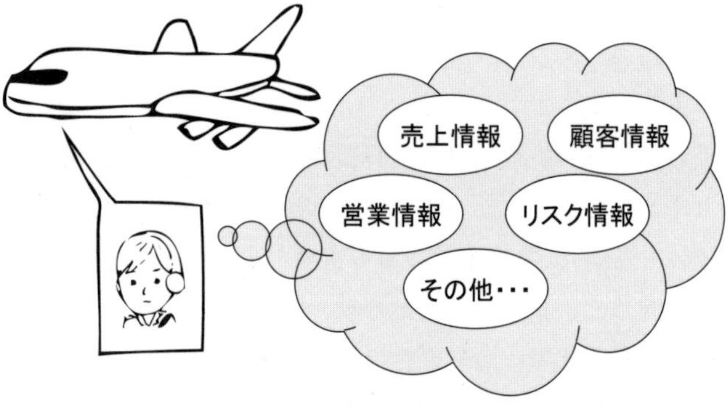

情報があります。パイロットが一番必要な情報は、墜落する危険性につながる情報でしょう。これと同じように、社長は企業経営における異常を察知できる情報を集め、一分一秒でも早く対応策を打ち出さないといけません。そうしないと、会社という飛行機を墜落の危機に晒してしまうことになるからです。

こうした社長の責任と役割を理解すれば、マネージャーの責任と役割はおのずと導き出すことができます。

社長の次を担うのは誰？

「社長は企業経営における全責任を負い、会社を目的地まで運ぶ役割を担っている」「そのために経営情報を自分の手元に集め、瞬時に把握し、迅速な意思決定を行う必要がある」と前項で述べました。このことを理解した上で、はマネージャーの責任と役割について考えてみましょう。

会社組織は事業部や本部、部、課、係、班といった組織階層で成り立っています。社長はコクピットで重要な意思決定を行い、各組織の管理に関してはマネージャーに一任しています。社長がたびたびコクピットから離れていては、重要な経営判断ができないからです。経営の舵取りを行うためには組織から集まる情報をスピーディーに把握し、的確な指示を下す責任と役割があるのです。

会社の規模が大きくなると、社長がすべての社員の行動やモチベーションを常に気にかけ、適切なアドバイスや指示を与えることはできません。そこで社長に代わって重責を担うのがマネージャーです。マネージャーは経営者から組織を預かり、メンバーを管理する責任と役割があります。社長が安心して会社を経営できるよう、担当する組織を束ね、社員の能力を活かして目標達成に全力を尽くす必要があるのです。

マネージャーは経営者から権限委譲され、自らの裁量によって組織を管理します。共有された判断基準にのっとり、現場を指示し、組織をまとめあげます。よって、組織の結束力を高めたり、組織の目標を達成に導くことなど、すべてがマネージャーの裁量にかかっているといっても過言ではありません。

また、社長は必要な情報を手元に集め、経営判断を行っています。だからこそ、マネージャーは経営情報が滞りなく社長に届くよう組織の情報共有を活性化させる責任と役割も担っています。社長が必要な情報を全社で共有し、社長が意思決定しやすい組織づくりを行う必要があるのです。

第２章

マネージャーの役割

マネージャーだからこそ得られる達成感

近年の傾向として、マネージャー職よりも専門職に憧れる人が増えているといわれています。社会に出てまだ年数が浅い人の場合、仕事についてよく理解できていないので、手に職を持つ専門職に魅力を感じるのでしょう。ただし、マネージャーは経営者から権限を移譲され、自らの裁量で組織や人を管理することが求められている究極の専門職です。組織を束ねるマネージャーを目指す人ももっと増えてほしいと思います。

では、マネージャーになりたい人が少ない理由はなぜでしょうか。それは、「マネージャーだからこそ得られる達成感」を知らないことが影響していると考えます。マネージャーの役割と求められるスキルを正しく理解し、その職責を果たすことで

マネージャー職は究極の専門職

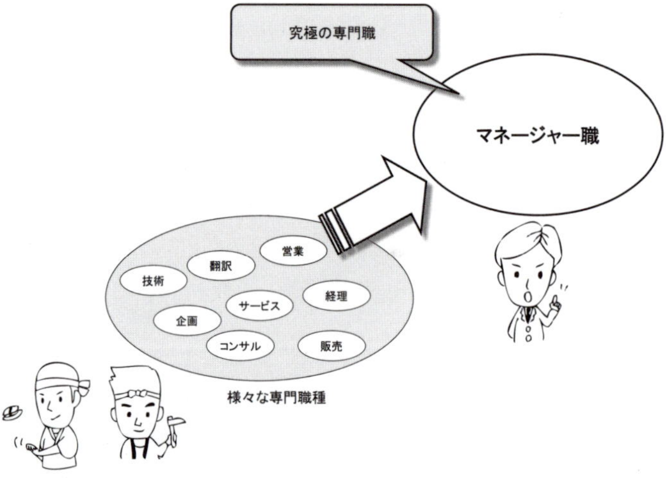

得られる喜びを理解すれば、「マネージャーほどおもしろい職業はない」と考えを改めてもらえるはずです。

では、マネージャーだからこそ得られる達成感とはどのようなものでしょうか。まずひとつ目は、重い責任を背負うからこそ得られる充実感です。マネージャーは経営者から権限委譲され、自らの裁量によって組織を管理する責任と役割を担っています。マネージャーの心理的負担は大きいばかりか、組織の結束を欠いたり、プロジェクトが失敗するなどした場合は自ら責任をとらなければなりません。しかし、だからこそチーム一丸となって目標達成できたときの充実感は、他には変えがたいものがあります。個人ではなく組織で目標を共有し、チームで目標を達成する。さらにその喜びをチームで共有する。これは、組織の中心でメンバーを率いるマネージャーだからこそ得られる達成感といえるでしょう。

もう一点、マネージャーだからこそ得られる達成感があります。それは、部下の成長や部下との関わりが自身の成長につながることです。人は誰かに教えることで、そのことに対する自身の理解がより深まるものです。マネージャーは部下のマネジメントを通して自身を成長させているのです。

このように、マネージャーとは組織の目標を達成に導いたり、会社を大きく成長させる原動力となる優秀な人材です。当然ながらマネージャーの責任は重く、仕事の内容も多岐にわたります。しかし、だからこそマネージャーは個人として活躍するのとは比べものにならないほどの達成感を得ることができるのです。

マネージャーの第一歩は部下のマネジメントから

スポーツで基礎トレーニングが必要であるように、優秀なマネージャーとして活躍するためにも基礎固めが大切です。マ

初級マネージャーと上級マネージャーの違い

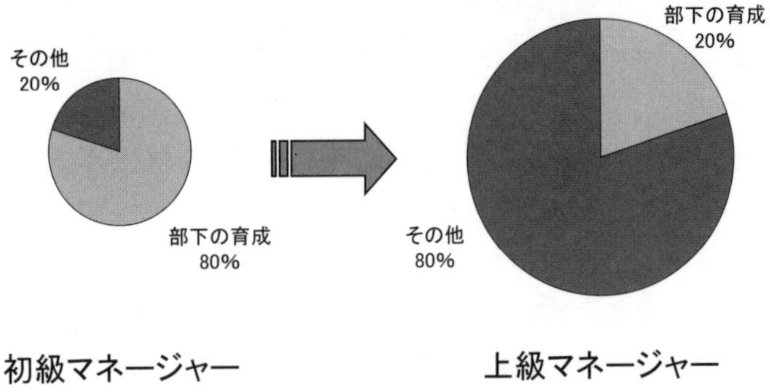

ネージャーになったその日から、組織の中心人物として活躍できるわけではもちろんありません。

マネージャーになって最初に担う役割は、部下のマネジメントが一般的でしょう。マネージャー初期の段階では〝人を見る比重が大部分を占める〟と考えてください。

マネージャーの役割

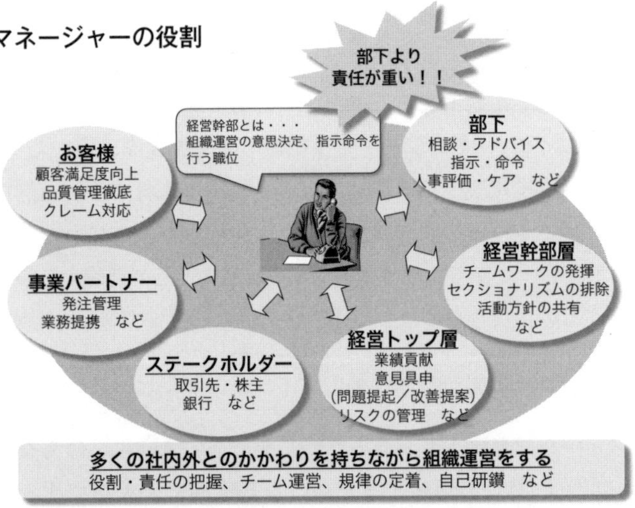

マネージャーになる前は、自分の仕事のことだけを考えていればよかったかもしれません。しかし、マネージャーになると自分のことはもちろん、部下や組織のことも同時に把握しておく必要があります。

マネージャー初期の段階では、部下のマネジメントの勉強を始めていきます。そして、マネージャーとしての経験を積むにつれ、部下のマネジメントに対する比重が相対的に低下し、組織づくりや顧客づくり、リスクマネジメントや業績推進などの仕事に果たすべき役割の比重が高まっていきます。図のように、担当する仕事の種類が増えることはもちろん、その責任の範囲も大きくなるのです。マネージャー入門書である本書では、マネージャーの基礎の基礎となる“部下のマネジメント”からお伝えしていきます。

1. 部下のマネジメント

①部下に会社の方針を理解させる

会社の方針を伝えるだけではダメ。
伝えた通りできるのかまで見届けよ。

1章で述べたように、経営理念や経営目標を掲げる会社は多くあります。それは、性格も考え方も違うメンバー一人ひとりの考え方のベクトルを合わせるために経営理念があり、共通のビジョンに向かうために経営目標があるのです。会社には、他にも経営方針や事業戦略、組織別目標などもあるでしょう。会社はこれらをお題目のように掲げるだけでは意味がなく、全社員が心で理解し、共感し、一丸となってビジョン達成に全力を傾ける組織をつくることが何より大切です。マネージャーはこうした理念や目標などをしっかりと理解し、それを部下に浸透させる役割を担っています。

とくに経営理念や経営目標などは、誰もがわかる簡単な表現が多用されていることもあるでしょう。しかし、その簡単な表現の中に奥深い意味が込められています。だからこそ、マネージャーは誰にでもわかるようその意味を噛み砕き、相手が理解できるまで何度も伝え続けなければなりません。階段を一段一段上がるように、忍耐力を持って部下に説明し続けることが大切です。

間違っても、〝一度伝えて終わり〟にならないように注意してください。部下は上司から何かをいわれると、たとえ理解していなくても「はい、わかりました」と返事をする人もいます。その返事を〝相手は理解した〟と勘違いし、伝えるのを止めてしまってはいけません。例えば、「お客様と接するときはいつも笑顔で」という経営理念があるとしましょう。マネージャーが部下にその理念を伝えると、「わかりました」と返事をするかもしれません。しかし、マネージャーはその返事を鵜呑みにしてはいけません。実際に部下がお客様と接しているところを注意して見てください。そして、誰が見ていなくても自然と笑顔で接客できるようになるまで、繰り返し伝え続けるのです。このように、言葉の返事だけでなく、伝えた通りに行動できるようになったのかまでを見届けるのがマネージャーの仕事です。

理念浸透ということでいえば、マネージャーは組織全体に浸透させる役割もあります。しかし、初期のマネージャーはまず部下に伝えることから始めてください。これは子どもを育てることと似ているかもしれません。親はまずは自分の子どもを育てることで精一杯です。しかし、子育てに慣れてくると、次第

言うだけではNG

に他の子どもにも目が行き届くようになります。マネージャーも同じです。まず自分の部下の育成ができるようになってから、組織の管理に仕事の範囲が広がっていくのです。

②部下の目標管理を行う

困難を自ら乗り越え目標を達成する力を身につけさせよ。

マネージャーは部下の目標を管理し、達成に導く役割があります。その際に大切なことは、全社的な経営計画をベースに具体的で評価可能な目標を設定すること。そして目標管理シートなどを活用し、部下の達成すべき目標を把握しておく必要があります。

部下の目標管理で大切なことは、適切なアドバイスです。部下は目標達成に向けて努力しているつもりでも、間違った方向に進んでいることが少なくありません。あるいは壁にぶち当たり、ひとりで悩んでいることもあるでしょう。マネージャーは部下の目標の達成度合いや成果、品質を常にチェックし、必要であればアドバイスしたり、相談に乗ってモチベーションを高めることも必要です。

マネージャーはキャリアパスを勘案して育成にあたらなければなりません。部下の成長スピードに合わせた目標を設定し、進むべき道を示すのです。

ここで注意すべきことがあります。それは、〝本当に努力しているのかを見極める〟ことです。人間は誰しも壁に突き当たるものです。しかし、その原因が努力不足であるとするならば、励ましやアドバイスは部下の成長機会を奪うことにつながりかねません。安易に相談に乗るのではなく、「もっと努力するように」と発破をかけるのも部下に対する愛情です。

問題は、本当に努力しているけれど行き詰っている部下をど

部下の目標管理

今期の目標設定に対して、
どう考えていますか？

うするかです。その際は、間違った努力をしていないかを確認し、正しい仕事の方法を教え込むべきです。どれほど経験を積んだビジネスパーソンでもスランプに陥るものです。自身の経験から、スランプの脱し方を教えてあげるのもマネージャーの役割のひとつでしょう。

一方で、厳しいビジネス社会を生き抜いていくためには、最終的には自分ひとりで壁を乗り越える力を身につけないといけません。目の前に大きな壁が立ちはだかるたびに人の力を借りなければ乗り越えられないのでは成長がありません。困難に直面する部下を見守り、自分で乗り越え目標達成する力を身につけさせる。あえて厳しい試練を与え、克服させることで自信をつけさせるのもマネージャーの役目のひとつです。

③日々の業務に対するマネジメント

部下にホウレンソウを徹底させ、
自らもフィードバックせよ。

マネージャーに昇進すれば、まず部下のマネジメントを任されるのが一般的です。自分の仕事だけでなく、部下に対する仕事の指示、日々のルーチンワークの管理などの役割を担うことになります。

では、部下のマネジメントを行うにあたり、まず大切なことは何でしょうか。それは、部下に「報連相（ホウレンソウ）」を徹底させることです。マネージャーは部下の仕事の進捗状況を常に把握しておく必要があります。「仕事の指示を出しただけで、あとはほったらかし」ではマネージャー失格です。

部下は上司であるマネージャーの指示を受けて仕事を始めます。その指示に対して部下がミスをした場合、マネージャーが責任を取らなければなりません。部下のミスに対して、マネージャーが「私は知りませんでした」では通用しないのです。部下が日々の業務に対して正しいプロセスを踏み、成果を出すためにも、「ホウレンソウ」が不可欠であることを認識しておいてください。部下にとって「ホウレンソウ」は、組織に属して仕事をする以上、絶対に行わなければならない義務なのです。

「ホウレンソウ」を徹底させることは大切ですが、一方通行ではいけません。未熟なマネージャーの中には、「自分に報告、連絡、相談さえすればそれでいい」と勘違いしている人がいます。部下には「ホウレンソウ」の義務を課しておきながら、自分は何もフィードバックしないマネージャーのことです。マネージャーは部下の報告や連絡に対して、適切な方針やアドバイスを与えないといけません。部下を信頼して仕事を任せ、かつ上司の立場から厳しくチェックし、フィードバックする。こ

ホウレンソウとは？

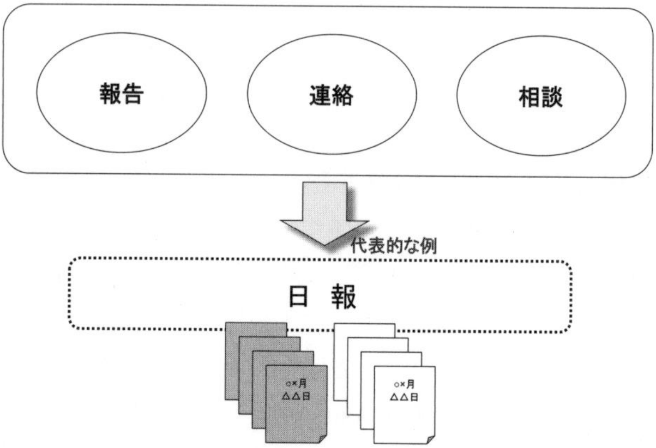

れがマネージャー初級の心得です。

部下の日々の業務管理でいえば、日報のチェックもマネージャーの大切な仕事です。ともすれば日報はサボりがちになるものです。それは部下の怠慢が原因の場合もありますが、まず上司が毎日確認して返信することが大切です。「ホウレンソウ」と同じく、部下に日報を課しておきながら、自分は日報に返信しないようなマネージャーには誰もついてこないでしょう。

④デレゲーションを行う

部下に仕事を任せることで、
少ない労力で大きな成果を出せ。

マネージャー初期の段階では、部下に仕事を任せるのが苦手な人が多いのではないでしょうか。しかし、ひとりの人間が対応できる仕事量には限りがあります。部下と共にチームで仕事をすることで、自分ひとりで行うよりも何倍、何十倍もの成果を出すことができるのです。そこで必要となるのがデレゲーションです。

デレゲーションとは文字通り〝他の人に仕事を任せること〟です。マネージャー初期の段階でデレゲーションを行う際に大切なことは、「2・6・2の法則」における6割の中間層が対象と考えることです。上位2割の優秀な社員は自分で考え行動できるので、必要以上の仕事の指示は相手のモチベーションを低下させかねません。一方、下位の2割の社員の場合、デレゲーションに固執しすぎると組織に悪影響を及ぼす可能性があります。あまりにもやる気のない人の対応は、プロジェクトメンバーから外すなどの組織的な対応が必要でしょう。こうした理由から、6割の中間層がポイントになるのです。

デレゲーションを行うためには、次の5つの事柄（【①望む結果】【②ガイドライン】【③使える資源】【④責任に対する報告】【⑤履行（不履行）の結果】）を部下に明確に指し示し、相互理解を深めることが大切です（『7つの習慣』〈キングベアー出版〉より）。

まず部下に望む結果を明確に伝え、結果を出すにあたっての守るべきガイドラインと活用できる資源を伝える。そして、誰が結果を評価し、評価の結果どうなるのか（賞罰）を設定する。この5つを部下に正しく理解させた上で仕事を任せることで、自分の仕事の支点を移し、より少ない入力（労力）でより多くの出力（成果）を生み出すことができるのです。

ただし、部下に仕事を割り振るといっても、任せっぱなしではもちろんいけません。「信頼すれど信用せず」の精神で上司

デレゲーションとは？

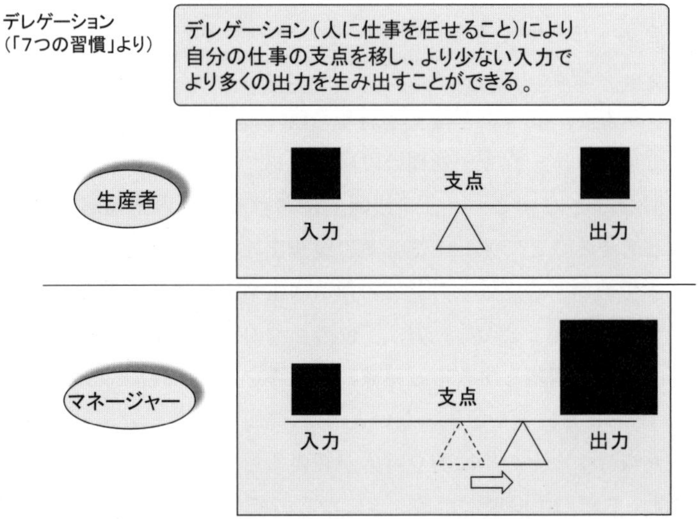

の立場から確実にチェックし、指示した限りは最後まで面倒を見る必要があります。部下のやる気や行動を信用しても、失敗したら自分で責任をとるのがマネージャーの務めです。

⑤社員を教育・育成する

社員教育の方針を理解し、
部下の育成に当たれ。

マネージャーは部下をマネジメントするなかで、意図して社員教育を行う必要があります。部下は将来の貴重な戦力であり、幹部候補です。よって、マネージャーは仕事を通じて部下を教育・育成しなければなりません。会社は組織に属するメンバー一人ひとりの能力を高め、会社の戦力として活躍してもらうことで、より多くの利益を得ることができるのです。

マネージャーが部下を育成するにあたり、意識しておくべきことは、部下に対する教育が会社の方針とぶれないことです。会社には経営理念があり、目指すべき経営目標があります。その意味を理解し、会社が目指す方向に全力疾走できる人材を育成しなければなりません。そのため、会社ごとにオリジナルな社員教育の方針や方法があります。マネージャーはその内容を理解し、部下の育成に当たることが大切でしょう。

また、部下の育成と人事考課は密接に関係しています。人事考課の具体的内容は後述しますが、部下に仕事の指示を与え、達成すべき目標や期待する行動を教え、レビューとフィードバックを行い、結果を正しく評価することで部下を大きく成長させることができます。

キャリアの浅いマネージャーは、同じくキャリアの浅い部下を持つことが多いことでしょう。部下のキャリアが浅いと仕事に取り組む気持ちの振幅が激しく、成果がぶれることが多々あります。よって、マネージャーは部下にアドバイスしたり、叱咤激励することも大切です。ときにはメンターとして、メンタルトレーニングや健康管理の大切さを伝えることも必要でしょう。

ただ、優しいだけの上司になってはいけません。部下に厳しくするためには、自分に対しても厳しくあることが要求されます。結果として、自分を律する自信がない人ほど部下を叱ったり、厳しく接することができなくなります。それでは上司と部下の関係に馴れ合いが生じ、統制が利かなかったり、いざというときに緊張感や一体感が醸成されません。マネージャーは部下に対して厳しくあることはもちろん、部下の目標やお手本になるような自律した人間でないと務まらないのです。

自律について

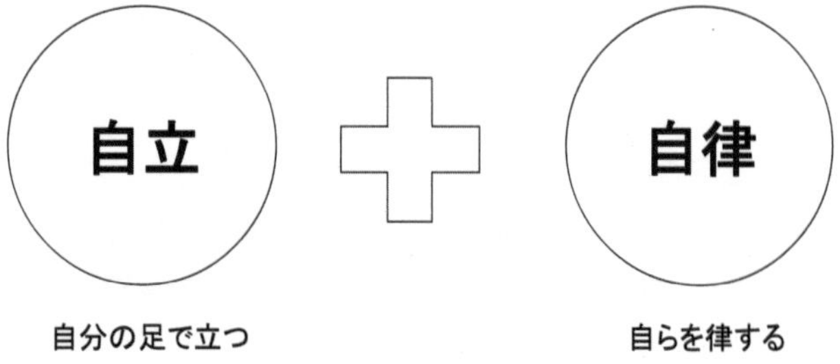

⑥適正に人事考課を行う

公平な評価が部下のやる気を高め、
成長を促す動機づけになる。

部下のマネジメントにおけるマネージャーの仕事には人事考課も含まれます。人事考課とは、部下の仕事ぶりを公平に評価し、職能や成果などを適正に把握して、今後の育成に効果的に結びつけるというものです。人事考課の結果は、役職や報酬などの処遇に反映されます。公平に評価できれば部下のやる気が高まり、さらなる成長を促す動機づけになるでしょう。

人事考課を行うに際、マネージャーは部下を適正に、公平に評価する責任があります。よって、マネージャーは人を正しく評価する能力を磨いておかなければなりません。

では、正しく人事考課を行うためには何が大切でしょうか。まず、マネージャーの個人的な好き嫌いや情緒的な判断を持ち出さないことです。独りよがりの人事考課ではなく、会社の一定のルールに則った判断基準にもとづいて評価することが大切です。すなわち、会社の判断基準に照らし合わせ、部下の仕事ぶりや職能、勤務態度、仕事の成果などを観察し、部下のどこが優れ、どこが劣っているかを公平に評価するのです。部下は自身の評価が公平でないと感じると、モチベーションを低下させてしまいます。加えて人事考課では、人物評価だけではなく、仕事に求められる職能を評価することも大切です。

正しく人事考課を行うためには、信賞必罰《しんしょうひつばつ》が基本です。あくまで評価の判断を厳正に行い、功績は評価し、見直すべき点は厳しく指摘し、時にはマイナス評価をすることも必要です。大切な部下の今後の成長につなげていくことが重要です。同時に、マネージャーは評価したことの責任を負わないといけません。

公正、公平な人事考課

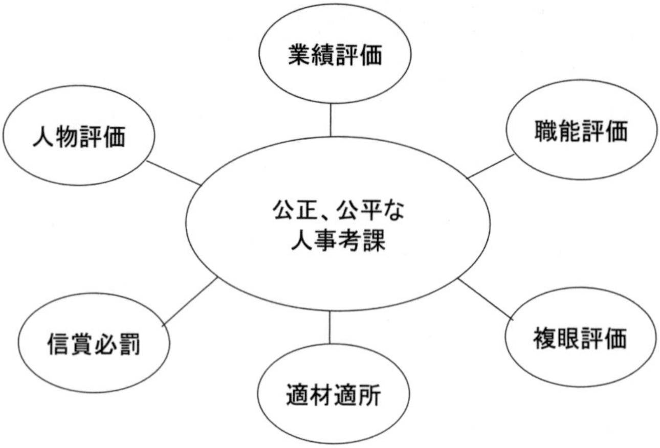

人事考課は多くの場合、マネージャーが部下と個別面談し、会社独自の評価シートなどを活用して行われます。マネージャーとして経験を積んでいけば、いずれは会社の人事考課制度の改良に加わることもあるでしょう。

人事考課は部下の将来を左右する重大な役割です。だからこそ、他のマネージャーなどの多様な意見を含めた複眼の視点を持ち、部下の成長を望む気持ちを持ち、一方で客観的に気を引き締めて慎重に評価に当たることが大切です。部下を育成する強い責任感があれば、部下の不公平感も少なくなり、お互いの相互理解にもつながるはずです。

⑦採用活動

**会社が求める人材像を把握し、
会社の判断基準で合否を判定せよ。**

マネージャーになると採用活動にも参加するようになります。初期のマネージャーの場合、一次面接に出ることが多いのではないでしょうか。近年の傾向として、現場でバリバリ活躍する社員を一次面接の面接官に起用するケースが増えているようです。

採用活動とは、文字通り〝会社が求める人材を採用する活動〟のことをいいます。企業の規模に関わらず、自社が求める人材の採用と育成は経営課題のひとつです。とりわけ社員一人ひとりの活躍が事業活動に直結する中小企業にとっては、有能な人材の採用が事業の成長とさらなる活性化に欠かせません。つまり、企業にとって採用活動は自社の命運を左右する重要な仕事なのです。

このように採用活動は自社の最重要の経営課題であるからこそ、面接官は面接に対する責任があります。面接官になる以上、「会社の採用計画」を理解し、「会社が求める人物像」を把握し、「自社の業務内容や事業の強み・弱み、企業風土、人事制度」などを頭に入れた上で面接に臨む必要があります。そして、企業の理念や業務内容を気持ちを込め、正しく伝える力がなければなりません。

面接で一番やってはいけないことは、自分の好みで選んでしまうことです。自分と気が合うなどの理由で評価を高くつけるとマネージャー失格です。会社の採用基準に従い、「自社の将来を担う人材として相応しい応募者は誰か？」という視点を失わず、面接に臨まないといけません。

また、一次面接官には短い時間で人を見抜く力が求められます。もっとも、相手を短時間で理解するのはベテランの面接官でも容易なことではありません。しかし、採用活動という重責を担う以上、相手の能力や意欲、適応性などを自社の企業風土と勘案して見極める能力を磨く必要があります。

会社によっては新任面接官の研修を実施しているところもあるでしょう。その場合、マネージャーは研修への参加を通して面接の進め方や評価のポイント、応募者の本音を引き出す質問の出し方などを学び、会社の代表として責任を持って面接に挑んでください。

集団面接

2. 組織力強化

①組織全体に会社の方針を理解させる

全体最適の視点で組織を俯瞰し、
会社の方針を理解させよ。

マネージャーになると組織全体に会社の方針を浸透させる役割を担うようになります。ところがマネージャー初期のころは、往々にして自分が属する部署だけに意識が集中してしまいがちです。これを専門的には「部分最適」といいます。部分最適だけでは、部署ごとに業務の進め方や意思決定などがバラバラとなり、組織全体のバランスが失われてしまいます。そこで必要となるのが「全体最適」です。組織全体の視点で業務効率化や判断基準の共有を行うものです。全体最適化のプロセスでは、会社のすべての部署、すべての社員が共通の理念や目標、方針を共有し、同じ方向にまとめる必要があります。

しかし、会社のトップである社長の考え方、会社の方針を組織全体にスムーズに浸透させることは難しいことです。例えば、会社の方針をマネージャー自身が理解していなかったり、その方針を全社に浸透させることの大切さを理解していなかったりすれば、部下も会社の方向性を正しく認識して行動できません。また、たとえ、伝えたとしても、正しく伝わっているか、行動しているかをチェックすることもしなければ、本当の意味で浸透しているとはいえないでしょう。前述したように、部分最適に走り、部署や部門のみの考え方に捉われてしまうケースも多く見受けられます。

さらに、自分の仕事のことだけを考えているようでは、自分

全体最適と部分最適

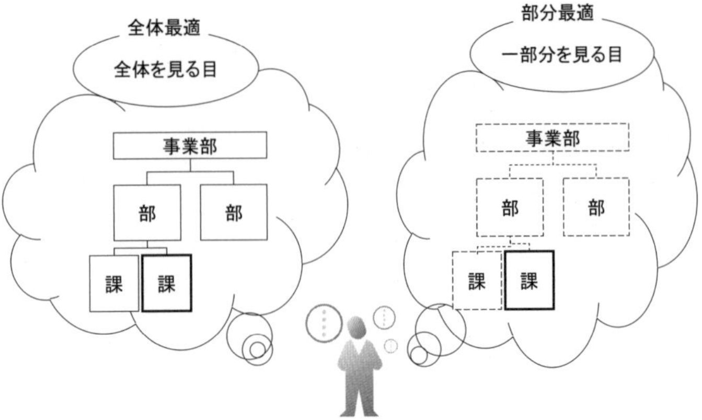

が属する部署の最適化すらできないでしょう。ちなみに、自分の仕事のことしか意識を振り向けることができないことを、部分最適よりもさらに未熟な「個人最適」といいます。

マネージャーが最も陥りやすいのは、自分が属する部署のみの業務効率を考えてしまうことです。自分の部署のことを優先するあまり、組織全体の視点を見失ってしまいます。

各部署のマネージャーが会社の方針を好き勝手に解釈し、自分の部署の都合のいいように方針を伝えるとどうなるでしょうか。自分たちの業務効率を最優先するあまり、組織全体の効率性や生産性を犠牲にすることになりかねません。マネージャーであれば全体最適の視点で自分が属する部門のマネジメント、部下の育成をする必要があります。

②企業風土、企業文化を育み伝える

**企業風土が組織の価値観となり、
企業を発展させる原動力となる。**

企業風土は、組織の発展の歴史のなかで形成され受け継がれるその会社が大切にしたい価値観や考え方のことで、行動の拠り所となります。企業風土は事業活動を続けるなかで時間をかけて醸成されていくものです。また、企業風土を企業文化と表現することもあります。マネージャーは、企業風土を育み、伝えていく使命があります。

日本には、たとえ規模は小さくても強い会社がたくさんあります。そうした光り輝く会社には確固たる企業風土が根づいているものです。例えば自社の利益だけを優先するのではなく、顧客や取引先などと共に発展を願うなど、それぞれの企業に固

企業盛衰の理論

PとEを一緒にしてはいけない。Aは必要であるが、最小限にとどめる。

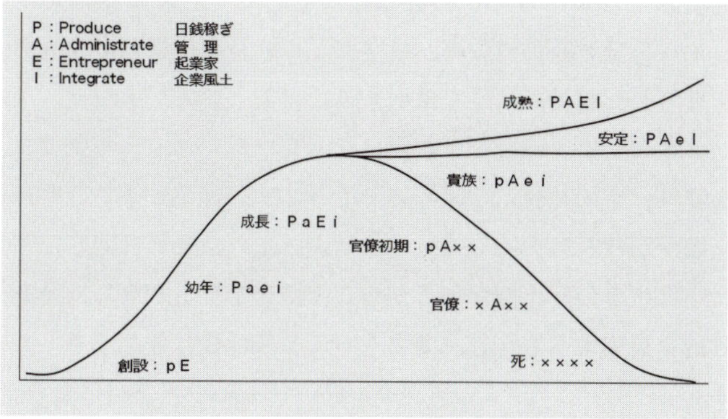

出展「PI（Perspective Integration）概要」　株式会社トリプルエス　代表取締役　山鳥　忠司

有の価値観が根づいている会社ほど社員の結束が強く、力を発揮するものです。企業風土は経営理念や目標、行動指針、採用活動、社員教育などすべての経営活動に影響します。しかし、企業風土は前述したように、じっくりと育てていくものです。この醸成に、マネージャーが重要な役割を果たさなければなりません。

会社の成長曲線を例に企業風土の説明を続けましょう。創業期は社長の思いが事業活動に大きく影響します。社長ひとりの強い意志で組織を強力に牽引すれば、会社は成長するのです。この時期には企業風土はまだ存在しません。

しかし、創業期の次なるステージである成長期には、企業風土の有無が会社の発展を大きく左右します。成長期に入ると会社の規模が少しずつ大きくなり、社長ひとりの力で組織を牽引することは難しくなります。そこで、社長と思いをひとつにする幹部社員が必要となります。こうして社長や幹部社員が心をひとつに事業を続けるうちに、企業風土が生まれ、育まれていきます。この企業風土が組織の価値観となり、事業を大きく発展させるエネルギーの源泉となるのです。ときにはマネージャー自身が社長の分身、まさにミニ社長を目指して企業風土を理解し、組織の成長を牽引することも必要でしょう。

マネージャーの役割は組織に代々受け継がれてきた企業風土を守り、下の社員に伝えていくことです。野菜や果物は豊かな土壌がなければ美味しく育ちません。これは企業も同じです。企業風土という土壌があるからこそ優秀な社員が育ち、企業の目的を達成すべく全社一丸となって事業活動に専念できるのです。

③行動指針を伝える

マネージャーが自らの行動を律し、
会社の行動指針を具現化せよ。

組織に属するメンバー一人ひとりが組織のあるべき姿として行動し続けるためには、規律や規範が必要となります。行動指針とは、組織の一員として「どのように考え行動すべきか」の基本となる指針です。企業風土の上に行動指針があり、頂点に経営理念や経営目標があるといえます。つまり、企業の経営理念や目標を具現化するため、組織のメンバーとしていかに行動すべきかを規定したものが行動指針なのです。よって、そこから踏み外すことは組織の一員としてはあってはなりません。

行動指針には、一社会人としての基本的な心構えを規定することが多いようです。例えば「遅刻しない」というのも行動指針になりえます。日本では遅刻をしないことは社会常識ですが、あえて行動指針のひとつに掲げることで社員の生活の規律を促すことにつながります。

「挨拶」を行動指針に掲げる会社もあるでしょう。挨拶が大切であることは誰もが理解しています。しかし、基本的なことだからこそつい忘れがちになるのが挨拶です。行動指針に掲げることで挨拶を習慣化し、規律やマナーを守る大切さを社員に学ばせることができます。

行動指針を書いた紙を額縁に入れ、壁に掛けているだけでは単なるお題目でしかありません。行動指針を実のあるものにするためにも、まずマネージャーがその意味を深く理解し、自ら実践に徹することが大切です。トップや経営幹部の実行が伴わない指示や指導は一般社員の心には響きません。まずマネージャーのすべての行動を厳しく律し、会社の行動指針を具現化することです。

その上で、マネージャーは行動指針を部下や組織のメンバーに理解させ、実践させなければなりません。規律とは、組織の秩序を維持する約束事です。よって、ひとりでも行動指針に反する態度をとる社員がいれば、組織全体の規律を守ることはできません。マネージャーはそのことを強く意識し、自身の行動も含めた組織全体の行動指針の徹底につとめてください。

朝礼の役割

④判断基準を共有する

判断基準を正しく理解し、
的確な判断をせよ。

1章でマネージャーは、経営者から権限を委譲され、共有された判断基準にのっとり、自らの裁量で組織を管理すると説明しました。つまり、マネージャーは社長や幹部と判断基準を共有し、その基準をもとに行動することが求められているのです。個々のマネージャーがバラバラの判断基準で部下に指示をすると、一体感のある組織活動を行うことはできませんし、そこから得られる成果は、本来得られるものより過少なものになりかねません。

物事を決める際のよりどころとなるのが判断基準です。しかし、判断基準は、全ての会社に共通するというものではありません。経営理念が、会社ごとに存在するのと同じように、判断基準も各社によって異なるものです。例えば人事考課を行う場合、会社の評価基準をマネージャーが頭に入れておかなければ、適正に部下を評価することはできません。あるいは、採用活動の際、会社が求める人材像を把握していなければ、お互いにミスマッチとなる採用になる可能性がでてきます。また、トラブルが発生した際、どう判断し、どのように対応するかは、会社によって異なります。このように、判断基準は一般論をよりどころとするのではなく、各社の環境や状況によって醸成されるものです。加えて、社長の考え方など数値化できない部分も判断基準に含まれます。

マネージャーは、会社の経営理念や経営目標、社長の考え方、経営環境や会社の状況などをきちんと理解し、組織の一員としての判断基準を高める必要があります。そのうえで、組織活動上発生するさまざまな事象に対し、マネージャーが的確に判断することが、組織力を強化することとなります。

⑤会議を運営する

会議を運営することも
マネージャーの大きな役割。

会議は組織の社員が集まって意思決定する重要な場です。よってマネージャーは会議を主催し、運営する力が求められます。会議の目的は「問題の解決」「進捗確認」「ブレインストーミング」「緊急対応」などさまざまでしょう。そのなかでマネージャーに求められる能力は、会議の進行を補助するファシリテーターとしてのスキルだけではなく、会議を運営する力なのです。単なる司会者として会議を進行させるだけでなく、議論の方向性をひとつにまとめ、会議の目的を達成に向かわせる牽引力が必要です。

会議のスタイルは主に次のふたつです。ひとつは「定例会議」。これは朝礼やプロジェクトの進捗確認など、日次、週次、月次で定期的に行われる会議のことです。定例会議のリスクはマンネリ化することです。例えば、週次で行うプロジェクトの進捗会議があるとします。会議の運営者であるマネージャーがいつもと同じ調子で会議を始め、発表者が先週の数字を少し入れ替えただけのような報告を行い、出席者は疑問を呈さず、何事もなく終了する……そんな会議であれば行う必要はないでしょう。マネージャーは定例会議をルーチン化しようとしてはいけないのです。定例会議を定例会議でないよういかに運営するか——それがマネージャーの腕の見せ所です。

会議のもうひとつのスタイルは「緊急会議」です。クレーム

会議の仕切り方

やトラブル、災害など緊急時は、会社としての対応策をどの順序で速やかに実行するか、短時間で決定する必要があります。マネージャーは緊急事態が発生した際、必要な人員を早急に召集して会議を開き、対応策を協議しないといけません。召集する人員はプロジェクトメンバーを始め、会社の幹部スタッフも必要です。なぜなら、緊急対応は全社的な判断が求められるからです。その意味で、マネージャーは会議の目的や緊急レベルに応じてどのスタッフを集めるか、その目利きもできないといけません。

会議に呼ばれて発言するだけなら誰でもできます。会議を司会者のように進行させるだけならファシリテーターでしかありません。マネージャーは会議の計画を立てる力、必要なときに会議を開く力、そして会議の目的を達成に導く仕切る力が求められるのです。

⑥経営資産を蓄積し、活用する

経営資産を文書化せよ。

組織力を強化するためには経営資産の蓄積と活用が大切です。それを実現するために文書化が必要です。では、経営資産とはどのようなものでしょうか。以下、列記してみましょう。

経営資産
人材／技術／自社製品･サービス／ノウハウ／知的財産（特許･ブランドなど）／経営情報／組織力／営業情報／顧客情報／資産（動産・不動産）etc…

経営資産は蓄積するだけでなく、活用しなければ意味がありません。そのため、蓄積した情報を記録して文書化し、マニュアル化することが大切です。誰もが活用できるようマニュアル化してこそ、経営資産を組織で共有したことになるのです。

例えば､営業活動を例に経営資産の蓄積を考えてみましょう。会社に営業成績が抜群にいい社員Aさんがいるとします。Aさんは潜在顧客を見つけて営業を仕掛け、高い確率で成約を取り付けています。この場合、Aさんがどのようにして潜在顧客を見つけ出し、どのような方法で成約に結びつけているのかを組織で共有するためにはどうすればよいでしょうか？　それは、文書化することです。Aさん個人の経験・知識は素晴らしい経営資産です。しかし、それを組織で共有しない限り、組織でそのノウハウを蓄積・活用することはできません。このように暗黙知と呼ばれる個人の経験や知識も含め、マネージャーはあらゆる経営資産を組織で蓄積・活用する役割を担い、文書化に責任を持たなければなりません。

⑦マネージャー同士の連携

**マネージャー同士の連携で、
三位一体の組織づくりを行え。**

マネージャーになって部下を持ち、マネジメントの基礎を身につけると、次に組織全体をマネジメントする役割を担うようになります。自分の部下だけでなく、組織に属するメンバーとの関わりを念頭に置いた組織づくり・組織力強化が求められるのです。

組織づくりの中でまず大切にすべきことは、マネージャー同士の連携です。ここでは二つの事例を参考に説明していきます。

三位一体の組織づくり

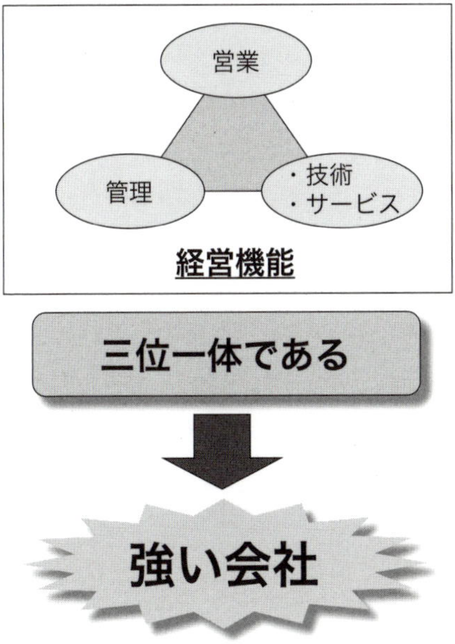

まず一つ目は「他部門との連携」です。会社組織を機能で区分すると営業、管理、技術（サービス）と大きく三つの部門にわかれることが多いのではないでしょうか。この場合、それぞれの部門に属するマネージャー同士の連携が組織づくりに大きく影響します。例えば、営業部門のマネージャーが、お客様から自社の製品やサービスに対する不満を訴えられたとしましょう。このとき、営業と技術（サービス）のマネージャーの連携が取れていないとどうなるでしょうか。お客様の貴重な意見が技術（サービス）の現場に伝わらず、製品やサービスの改善に反映されることはありません。結果として、お客様は自分の期待通りに会社が対応してくれないと感じ、長い目で見ると会社や製品・サービスの信頼やブランドに傷をつけてしまうでしょう。どの会社にも部門間には微妙な軋轢《あつれき》があるものです。特に営業と技術（サービス）部門は利害相反の関係に陥りやすいかもしれません。しかし、マネージャーは自部門だけを見ていればいいのではないのです。三位一体の組織づくりを考えて、他部門のマネージャーとの連携が大切です。

もう一つの事例は「他店舗との連携」です。23ページでも取り上げたように、多店舗展開しているチェーンレストランを例に挙げて考えてみましょう。例えばA店舗のスタッフの対応や料理の味は素晴らしい一方、B店舗の対応や味はイマイチだとしたらどうでしょうか。A店舗でこのレストランのファンになったお客様がB店舗に足を運ぶと、おそらく期待を裏切られたと感じるはずです。この場合、B店舗の問題が他店に伝わらなければ、サービスや料理の品質レベルを均一化できません。つまり、各店舗のマネージャーが連携し、それぞれの店の問題点を共有して組織で解決しなければならないのです。

⑧従業員満足度の向上

従業員満足度を高め、
顧客満足度向上につなげよ。

従業員満足度とは、読んで字の如く、その会社で働いている従業員が仕事の内容や報酬も含めて満足していることをいいます。それを実現するためには会社経営に責任を持つ経営者の責任が重いのは当然ですが、現場を管理するマネージャーが、従業員が満足して働ける環境づくりに意識を振り向けることも大切になってきます。

では、従業員満足度を高めるためにはどうすればいいでしょうか。その前に一点、注意すべきことがあります。それは、社員には、義務を果たした上で権利を主張させるということです。自らの義務を果たすことなく、会社にしてほしいことばかり要求してくるような社員に対しては、「まずやるべきことをしっかりやる」ということを教えなければなりません。何でも聞くような優しいだけの上司になってはいけないのです。

このことを前提にした上で、まずマネージャーは社員の悩みや要望をしっかりと吸い上げ、それに対して適切にアドバイスをすることが大切です。場合によっては、組織的な解決策を講じる必要もあるでしょう。

組織的な解決策のひとつとしては、人事評価制度の改善があげられます。人事評価が不公平、不平等だと社員に感じさせると、モチベーションを低下させる可能性があります。社員の士気を高め、いきいきと働いてもらうためにも、公平・平等な人事評価は不可欠です。

また、福利厚生を充実させる方法もあります。日本では最近は減ってきましたが、社員旅行に行くことも従業員満足度を高める有効な手段のひとつでしょう。あるいは飲み会やレクリエーションなどのイベントを定期的に行うのも効果的です。いっときでも仕事を離れ、組織のメンバーで楽しい時間を共有することで、その会社で働く喜びが増すものです。

従業員満足度を高めることで、組織の一員として働くことに喜びを感じる社員を増やすことができます。高い意欲で業務に取り組む社員が増えることは、結果として顧客満足度の向上と企業文化の醸成にもつながるのです。マネージャーは従業員一人ひとりがいきいきと働ける組織づくりを行う責任を背負っています。だからこそ、やりがいを高めたり、企業が向かうべき目標を共有しておく必要があるのです。

3. 業績目標の達成

①業績目標を達成する

**部下への適切なアドバイスで、
自分の力で壁を乗り越えさせよ。**

会社の経営目標から導き出した組織目標をもとに、業績目標を設定します。その上で、各部署の業績目標が定まり、それを達成すべく活動を行います。その部署の業績目標を達成するためには、各個人、つまり部下の目標を定め、その達成に向けてまい進するのです。

その部下の目標を達成に導くためには、適切な指導やアドバイスをしてあげることが最も大切です。部下は自分の力で仕事をやりきり、目標達成する経験を積み上げることで成長するのです。

部下にアドバイスを与えるためにも、仕事の進み具合や方向性に問題がないかのチェックが欠かせません。そこで、まず「ホウレンソウ」を徹底させることが重要です。39ページで説明したように「ホウレンソウ」は部下の義務なのです。マネージャーは部下に定期的に報告や連絡を入れる約束をし、習慣づけることから始めてください。年間目標、月次目標、週次目標などの実行計画をもとに、何をどのタイミングで、どのようにして報告や連絡を行うのかを取り決めるのです。

定期的にミーティングの機会を設けることも重要です。個人ミーティングやグループミーティングを必要に応じて設定し、部下に仕事の進捗の報告をさせてください。報告書をまとめて発表するプロセス自体が仕事を振り返る機会になりますし、マネージャーは部下の仕事をより把握できます。部下の状況を把握できるからこそ、それぞれの場面に応じた指導やアドバイス、あるいは叱咤激励を与えることができるのです。

また、部下から定期的な進捗報告を受けるマネージャーは、その仕事のプロセスの中に目標達成を阻む問題が潜んでいないか、常に目を光らせていなければなりません。実行計画より目標達成のスピードが遅れていたり、部下が悩みを抱えている場合など、マネージャーはその解決に必要な対策を検討する必要があります。特にトラブルなど早急に手を差し伸べる必要がある場合は、マネージャーが中心となり問題解決にあたることが肝要です。

しかし、喫緊の解決事項でない限り、部下が自身の力で壁を乗り越えるのをギリギリまで忍耐強く見守るのもマネージャーの仕事です。部下は自分の力で仕事をやりきる経験を積んでこそ、仕事に対する自信につながるのです。その場その場での適切な指導やアドバイスで軌道修正をしつつも、できる限り手は出さずに見守り、責任者として業績目標を達成に導く役割を担っています。

②管理会計を知っておく

企業会計の知識がないと、
業績管理はできないと心得よ。

業績管理を行うためには企業会計を理解しておく必要があります。企業会計には「財務会計」と「管理会計」の２種類があります。基本的に、財務会計は外部の利害関係者に向けて作成されるもので、管理会計は経営予測を行うために企業内部に向けて作成されるものです。

以下、詳しく見ていきましょう。

企業は、株主などの投資家から提供を受けた資金を元手に事

財務会計と管理会計

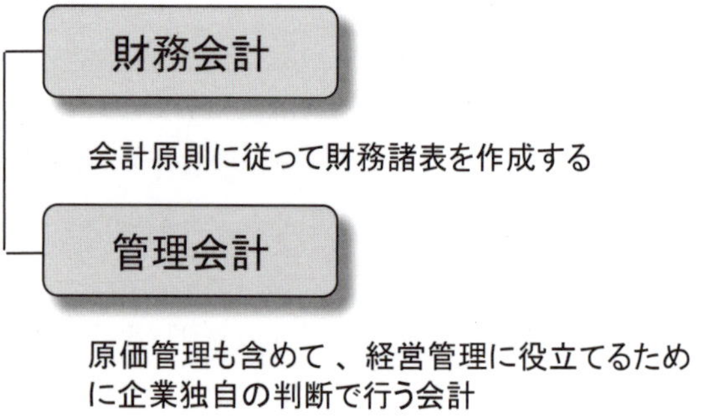

財務会計
会計原則に従って財務諸表を作成する
管理会計
原価管理も含めて、経営管理に役立てるために企業独自の判断で行う会計

業を展開し、事業活動で得た利益を再投資したり、投資家に利益を還元したりします。そのため、資金の提供者にとってはその会社の財務状態が大きな関心事となります。いわゆるステークホルダーと呼ばれる利害関係者に自社の収支や損益、保有資産などを報告するために用いられるのが財務会計です。

一方、管理会計とは経営の意思決定や中長期計画にのっとった事業予測を目的として、利用されます。あくまで、社内の経営判断や業績予測、キャッシュフローなどの判断に用いられ、形式や様式が定められているものではありません。管理会計では、どういう単位で管理をするかのセグメント化や管理サイクル、何を管理をするかの要素が大切になります。

セグメント化とは、組織別や店舗別、事業部別、製品別（サービス別）、顧客別など数値化する単位のことを指し、管理サイクルとは、月次、四半期、半期、通期など数値化するべき、サイクルを指します。

また、要素とは営業活動に関わる営業指標、生産活動に関わる売上指標、あるいは、資金繰りに関係する回収予定指標などの数値するべき要素のことを言います。このように管理会計は、各社各様です。管理会計こそ、経営の舵取りに不可欠なのです。

マネージャーが行う業績管理とは、企業会計の知識を持ったうえで、目標設定や目標に対する実績管理、目標達成に向けたマネジメントをしていくことです。まず、会社全体の業績目標から、組織、事業部、引いては個人別に数値で目標設定をすることから始めます。しかし、正しい企業会計の知識がなければ、本来管理するべき数値を管理しなかったり、目標に対する実績評価を誤ることになります。さらには、業績に対する具体的施策を誤ることにもなりかねません。つまり、マネージャー職は、企業会計の知識がないと務まらないことを理解しておいてください。

③コスト管理を徹底する

コスト管理の要諦は、
経営者感覚を磨くことだ。

マネージャーはコストに対する感覚を磨いておかなければなりません。例えば、〝経費は自分の財布から出ていくもの〟という感覚を持つことで、収入と支出の感覚を磨くことができるのです。実際には自分の財布から経費が出るわけではないにしても、その感覚を磨いておくことでコスト管理に真剣になれるはずです。コスト管理の要諦は、「経営者感覚を磨いているか」「自分ごととしてコストを真剣に考えているか」ということなのです。

コストダウンの実現は最重要事項

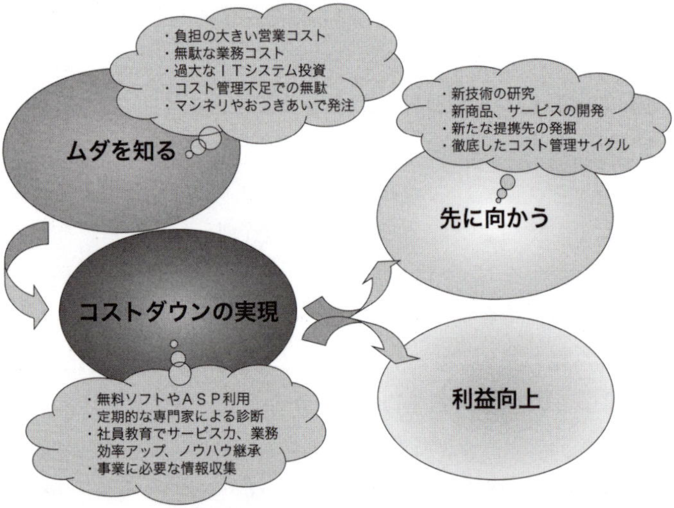

マネージャーは日ごろから部下にコスト感覚を徹底させる必要があります。「会議室やトイレの電気は使用後には必ず消す」「冷暖房の温度を適切に設定する」などのコスト削減策を部下に徹底させないといけません。こうした細かいことの積み重ねが経費削減につながるだけでなく、コスト意識を身につけさせることにつながります。〝経費は自分の財布から出ていくもの〟という感覚を持つことが大切なのです。マネージャーは絶えず部下にコスト管理の必要性を説き、細かなコスト削減の対策を実行させなければなりません。そして指示されなくても実行できるようになるまで、言い続ける必要があるのです。

会社は人間が集まって活動している組織体です。そこに何の縛りやルールもなければ、次第に惰性で無駄なコストが出てくるものです。まして、マネージャーのコスト意識が甘くては、徹底したコスト削減は難しいでしょう。

マネージャーの中には、部下に対する無駄な指示、あるいは曖昧な指示で余計なコストを発生させている人もいます。そういうマネージャーに限って、コストが無駄に発生している認識に欠けていることも少なくありません。マネージャーはABC（Activity Based Costing）活動にかかったコスト（原価）の意識も徹底する必要があります。ABC活動とは、ビジネス活動にかかったコストが各活動単位で正しく反映できているかを確認する原価計算法です。例えば、本来は1時間でできる仕事を、あなたの部下が2時間かかって完了させたとしましょう。その場合、マネージャーは部下にコスト感覚を理解させ、1時間で仕事が終了できるよう指導しなければなりません。マネージャーが経営者感覚を持ってコストを管理し、その意識を組織全体に浸透させないといけないのです。

4. 顧客づくり

①ブランドづくり

マネージャーがブランドづくりを
体現し、部下と組織に浸透させる

ブランドは捉えどころのない概念として存在しています。ブランドにはかたちがなく、あまりにも漠然としているからこそ、企業はブランドづくりに腐心しているのでしょう。本項では、企業におけるブランディングについて考えます。

まずコーポレートブランドは企業が顧客に対して行う「約束」であり、あくまで企業が形成するものです。企業が形成したコーポレートブランド（約束）が顧客に届き、認められることで、

ブランドとは約束を守ること

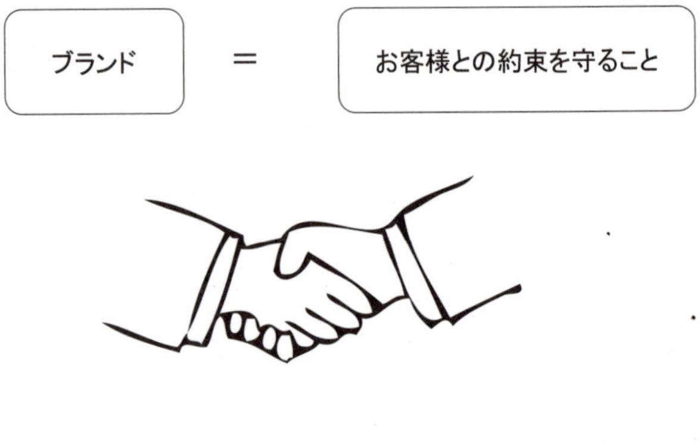

顧客にその企業に対する安心や信頼という心理が生まれるのです。

では、コーポレートブランド（＝約束）はどのように形成すればいいのでしょうか。まず企業が顧客と真剣に向き合い、自分たちが提供（約束）できる商品やサービスを顧客に提示し、自社を選んでもらうことです。企業が顧客に対して、「この商品やサービスに関しては、当社が自信を持ってご提供できます」と約束することがブランドづくりのはじまりです。

約束とは、いい商品やサービスを提供するという意味だけではありません。商品やサービスの品質はもちろん、商品やサービスを継続的に提供し続けること、提供後の行き届いたアフターフォロー、広く社会に役立つ貢献活動など、自社の事業領域すべてを顧客に自信をもって提供（約束）することです。その約束をしっかりと守り続けることで、企業の価値が高まります。

つまり、商品やサービスを顧客に与える直接的な体験だけが、コーポレートブランドに結びつくわけではないのです。「あの会社の商品やサービスを利用すれば、こんなことまでしてくれる」。そんな安心や信頼につながる顧客心理、それがブランドです。

マネージャーのミッションは、そうしたブランドづくりを念頭に入れて行動することです。まず大前提は、自分自身がブランドづくりを体現すること。そのうえで、部下や組織全体にブランドの考え方を浸透させなければなりません。なぜなら、ひとりだけが努力してもコーポレートブランドを築くことはできないからです。ワンフォーオール・オールフォーワンの精神で、組織全体でつくりあげるのがブランドです。

ワンフォーオール・オールフォーワン

②ファンづくりに責任を持つ

会社のファンづくりと自分の
ファンづくりの両方を求めよ。

コーポレートブランドを築くためには、会社やそこで働く社員に対するファンの存在なくして成り立ちません。本項では社員それぞれのファンづくり活動、つまりパーソナルブランディングについて説明しましょう。

まず、ブランドと区別するため、ファンとは何かについて考えてみます。前項において、コーポレートブランドは約束であると説明しました。一方のファンとは、会社に対する「応援団」です。その応援団は顧客だけではありません。顧客や取引先をはじめ、銀行、株主、従業員とその家族、地域コミュニティなども含めたステークホルダーすべてがファンの対象です。その応援団をいかに多く獲得するかが、企業が継続的に事業発展するうえで不可欠であるといえます。

ファンづくりに関してはふたつの考えがあります。ひとつは、会社のファンをつくるということ。そしてもうひとつが、会社の一員として働く自分のファンをつくるということです。

ブランドづくりと同じく、会社のファンづくりを考えたときのポイントは、組織全体で行う必要があるということです。社員一人ひとりが会社のファンづくりに責任を持つことが大切で、そのためにマネージャーは部下や組織全体にファンづくりの活動を浸透させなければなりません。

そのうえで、マネージャークラスの人材であれば、自分のファンづくりに力を入れることも必要でしょう。これこそ、パーソナルブランディングの考え方です。パーソナルブランドは組織的な活動のなかで自分自身が身につけ、表現したり、にじみ出たりするものです。もちろん、組織活動のなかには、コーポレートブランドを形成・浸透させる活動や、会社のファンづくりを

コーポレートブランディングとパーソナルブランディング

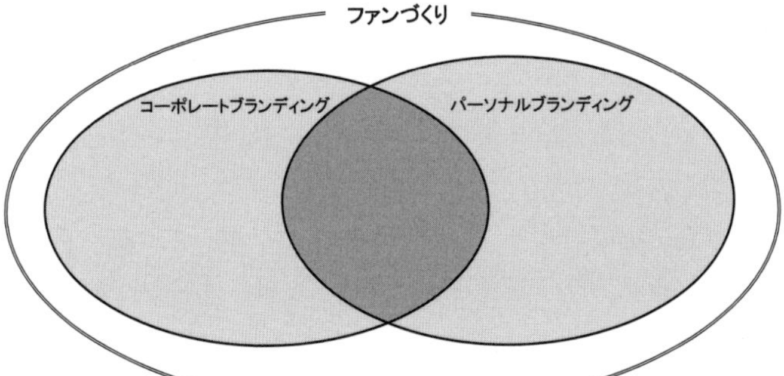

行う活動も含まれます。これらの活動を通して、「何事にも前向きに捉え、一生懸命に取り組むこと」「いつも朗らかで明るい態度で人と接すること」「何事にも諦めずにへこたれないこと」を意識することでパーソナリティが形成され、それが人に受け入れられ認められることで、自分のファンづくりにつながるのです。

組織の一員として会社のファンづくりに取り組みつつ、組織の一員として自分のファンづくりにも力を入れる。この両方を手に入れる方法を見つけ出し、行動するのがマネージャーの役割です。

③顧客満足度の向上

ライフタイムバリューを念頭に
将来生み出される利益に責任を持て。

日本に限らず、顧客満足を無視した経営では利益を上げることはできません。1章では、顧客満足を高めるためには「品質」の向上や「アフターフォロー」の徹底を「組織活動」として実践することが大切で、そのベースに「おもてなし」の心が必要であると説明しました。本項では、マネージャーがどのように考えて顧客満足の取り組みを実践するべきかについてお伝えしましょう。

顧客満足を高めると、ひとりの顧客のライフタイムバリューが上がります。ライフタイムバリューとは、顧客から末永く取引を続けてもらうことで会社が受け取る利益と価値のことです。顧客との一度きりの取引を想定すると、その取引で得られる利益を最大化しようとします。しかし、顧客満足経営では、顧客と末永くお付き合いをすることが前提です。つまり、顧客満足を高める取り組みを通じて顧客ロイヤリティを高め、その過程で得られるライフタイムバリューを最大化しようという考えです。

マネージャーであれば、こうした考えを意識した組織づくり、顧客づくりが求められます。たとえば、自社の商品を買ってくれた顧客に笑顔の接客を心がけることは当然の話です。ただ、一度限りの取引を想定すれば、顧客の気分を乗せて少しでも多くの商品を買ってもらうことを第一に考えるでしょう。一方、末永くお付き合いすることを前提に考えると、顧客の好みに合わない商品を無理やり販売するようなことはするべきではありません。初めての顧客にリピーターになっていただき、ロイヤルカスタマーになっていただく。つまり、マネージャーはその顧客が10年先、20年先も顧客であり続けてくれたときに生み

ライフタイムバリューとは

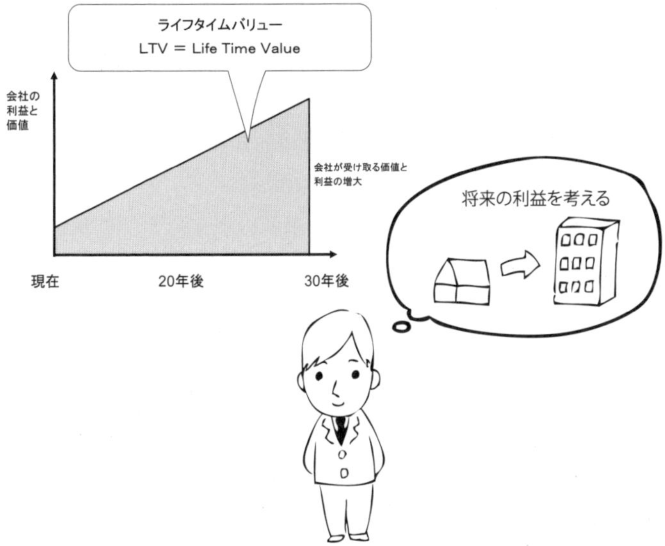

出される利益と価値に責任を持つ必要があるのです。

長く自社の顧客であり続けてもらうことを前提にした場合、商品やサービスの品質の向上はもちろん、アフターフォローを組織で実践することが大切です。そのためにもマネージャーにはライフタイムバリューの考えを理解し、組織で実践できる体制づくりが求められているのです。

5. 仕組みづくり

①仕組みを組織に定着させる

会社の仕組みを組織に定着させてこそ、
強い組織づくりにつながると思え。

マネージャーは組織づくりとは別に、仕組みづくりや、仕組みを組織に定着させる役割も担っています。ここで、仕組みとは何かをまず考えてみましょう。

仕組みと似た言葉として「仕掛け」があります。「種も仕掛けもない…」というように、この言葉はマジックの仕掛けやカラクリという表現で使われることが多いようです。これを企業経営に当てはめると、「相手に仕掛ける」という意味が転じて"戦略"という意味で使われることもあります。では「仕組み」とはどういう意味でしょうか。

仕組みとは、会議や業務フロー、品質管理システム、人事考課制度などとなります。マネージャーがゼロから仕組みづくりに関わることはそれほど多くはないかもしれません。しかし、例えば新規事業の立ち上げメンバーに抜擢された際には、マネージャーが中心となって業務フローやマニュアルなどの作成に関わる必要があります。また、すでに会社に存在している仕組みを組織のメンバーに定着させたり、より良い仕組みとなるよう改善することもマネージャーに求められる役割です。

組織づくりと仕組みづくりは明確にわけて考える必要があります。しかし、だからといって、マネージャーは「会社の仕組みづくりには自分は関係ない」「これまで通り仕組みを運用していたらそれでいい」などというわけではありません。マネージャー自身がまず会社のルールを守り、それを組織に定着させてこそ、結果として強い組織づくりにつなげることができるのです。

② PDCAの実践

PDCAサイクルを地道にまわし続ける。

マネジメントを行うにあたっては、PDCAマネジメントシステムが欠かせません。これは「P= Plan（計画）」「D=Do（実施・実行）」「C=Check（点検・評価）」「A=Act（処置・改善）」から成り立っています。すでに世界中の企業で採用されていることに加え、ISOなど多くの認証規格にも適用されています。これを実践することにより、経営をうまく進めている企業も数多く存在します。

しかし、一方でPDCAを導入したにもかかわらず、マネジメントサイクルが組織に根づかないまま、失敗だらけのプロジェクトや行き当たりばったりの顧客対応、トラブル対応を続けている企業が少なくありません。むしろ中小企業ではそうした失敗例のほうが多いといえるでしょう。

では、なぜPDCAの仕組みが社内に根づかないのでしょうか。PDCAサイクルのうち、「Plan」と「Do」は誰にでも容易にできます。問題は、その後の「Check」と「Act」を放ったらかしにしてしまうことなのです。実行した計画がうまくいかないにもかかわらず、原因を追究せずそのまま頓挫してしまう。そしてまた別の計画を考え、実行し、放置する。つまり、「P→D→失敗→P→D→失敗」という負のスパイラルに陥ってしまうわけです。マネージャーの役割としては、このPDCAサイクルを組織に導入し、浸透させることにあります。

PDCAサイクルによって目的を達成するために本当に大切なのは、「P」「D」よりも「C」「A」なのです。「会議だけは頻繁に開いているが、その内容が実行されないまま放置されている」「チェックを怠っていたために起きたミスから、プロジェクトが失敗した」「似たようなクレームを繰り返し顧客から受

PDCA向上の仕組みづくり

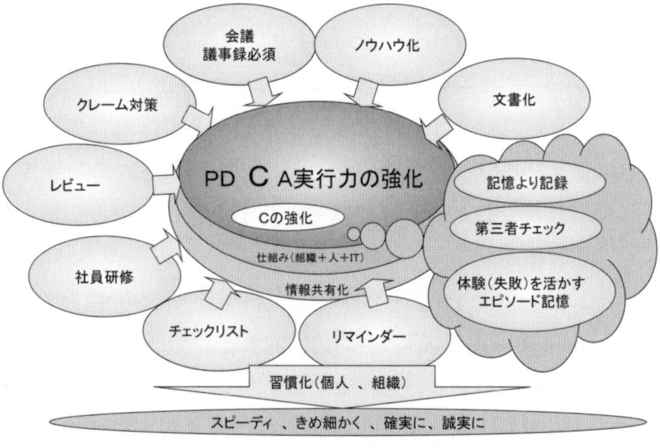

CAPDとは

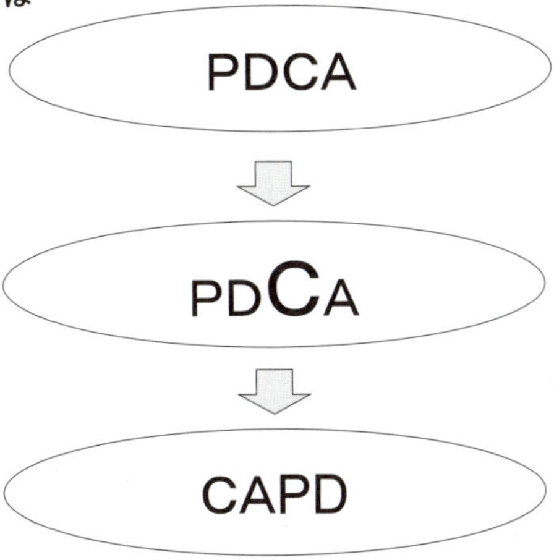

けている」「社内で決めたルールが無視されることが横行している」など、PDCAの導入を進めている企業からそうした話を聞くことがよくあります。こうした失敗の要因は、「チェック」をないがしろにしているからなのです。現状を十分に顧みることなくむやみに新たな計画を起こし、PDCAを行っているつもりになっているのです。

マネージャーはPDCAによるマネジメント力を、このチェックする力を中心に養っていくべきでしょう。

③情報共有の仕組みづくり

情報共有の仕組みづくりの
第一歩は〝書かせること〟。

組織活動においては情報共有が大事です。では、仕組みづくりの視点で情報共有を考えてみましょう。

人の体は血液が循環することで健康体を維持できるように、

会社も情報が組織を駆けめぐることで順調に企業活動を続けることができます。では、組織に情報を循環（共有）させるためにはなにから始めるべきでしょうか。

情報共有の仕組みづくりの第一歩は、〝書かせること〟です。例えば重要な会議を開催し、誰もが頷きながらトップの話を聞いているとしましょう。ところが、会議の内容をメモしている人が誰もいませんでした。この場合、会議に出席していない人に、その場で話し合われた内容を正確に伝えることができるでしょうか。メモがないので各人の記憶に頼り、相手に伝えることになります。そうなると人によって伝える内容にバラつきがでることに加え、記録が残っていないので正確に伝えることもできません。いかに有意義な会議を開いても、それをメモする人がいない限り、組織で情報共有ができないのです。

これは会議の場だけに限りません。顧客との打ち合わせ、ミー

情報収集から情報活用へ

情報活用までの4つのプロセス

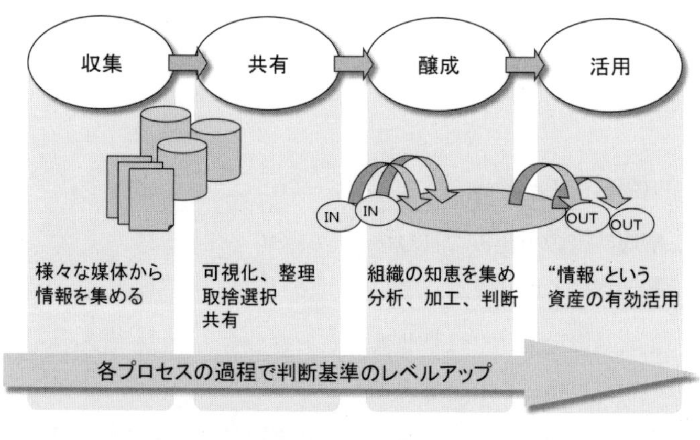

ティング、上司からの指示や注意、受けた電話の内容など、事業活動につながる情報をまず部下に書かせることを徹底してください。そのうえで、書いた情報が集まる仕組みをつくるのです。その方法はグループウェアなどのITを活用してもいいでしょうし、紙ベースで集める仕組みをつくることはできます。大切なことは、情報を集め、それを活用する仕組みづくりです。

マネージャーとして部下に情報共有を徹底させる際、心がけてほしいことがあります。それは、マネージャー自身も積極的に情報発信するということです。「情報を出しなさい」と部下に伝えているだけでは必要な情報は集まりません。マネージャーとして部下に伝えるべき情報は伝える。組織で共有すべき情報は発信する。マネージャーが率先垂範するからこそ、部下もそれを見て情報を出せるようになるのです。必要な情報を誰もが積極的に発信する機運を高めることもマネージャーの役割のひとつです。

④業務改善を行う

業務改善の仕組みをつくり、
サイクルを回し続ける。

トヨタのカイゼン活動のように、日々の業務には改善が不可欠です。業務改善とは、業務の進め方を工夫し、「ムリ」「ムダ」「ムラ」を取り除く活動です。つまり、業務改善によって仕事をより効率化し、より付加価値の高い業務に進化させることなのです。

業務改善の対象は、個人の業務、部門の業務、組織全体の業務と非常に幅広いものです。しかし、どのような業務であれ、「ムリ」「ムダ」「ムラ」を排除して業務の効率化を目指すという意味で違いはありません。マネージャーは自身の仕事の業務改善はもちろん、組織として業務改善が日々行われる仕組みづくりに参加する必要があります。

では、業務改善を行う上でまず必要なことは何でしょうか。それは「ムリ」「ムダ」「ムラ」が発生する問題を発見することです。組織に何か問題が起こるとき、必ず原因が潜んでいます。その原因を探るためには、各業務部門の仕事量、仕事の進め方、個々の社員の能力、作業スピードなどを日ごろから常にチェックしておく必要があります。例えば業務別に似たような申請書が複数あるとしましょう。その場合、各業務を横断的に捉えて申請書をひとつにまとめると、作成も保管も効率化できるかもしれません。こうした文書管理の効率化も業務改善のひとつです。

「ムリ」「ムダ」「ムラ」が発生する問題点を発見すれば、次に

業務改善のポイント

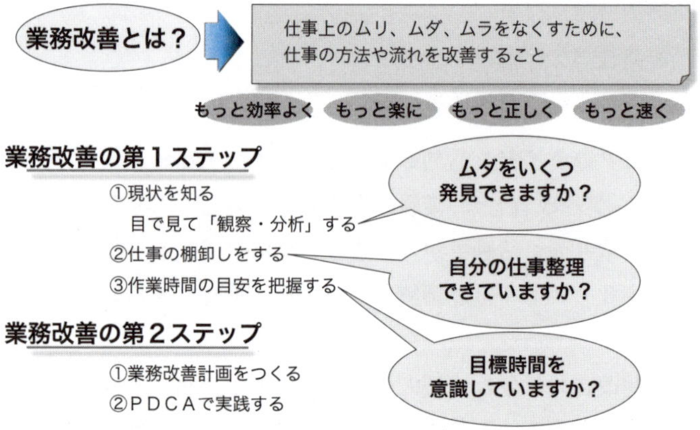

業務改善とは？
仕事上のムリ、ムダ、ムラをなくすために、
仕事の方法や流れを改善すること
もっと効率よく
もっと楽に
もっと正しく
もっと速く
業務改善の第1ステップ
①現状を知る
目で見て「観察・分析」する
②仕事の棚卸しをする
③作業時間の目安を把握する
業務改善の第2ステップ
①業務改善計画をつくる
②ＰＤＣＡで実践する
ムダをいくつ
発見できますか？
自分の仕事整理
できていますか？
目標時間を
意識していますか？

必要なことは何でしょうか。それは、手段を考え、まず解決すること。その上で、業務改善の結果を組織に反映させることが大切です。業務改善は組織で実行してこそ意味があるのです。従って、あらゆる仕事の業務フローを文書化、マニュアル化し、組織で共有・実践できなくてはなりません。

業務の「ムリ」「ムダ」「ムラ」の原因を発見し、その解決策を導き出してワークフローに落とし込む。そして、そのフローに沿って組織で実践する。この業務改善の仕組みをつくるのがマネージャーの役割です。そして、業務改善のサイクルを常に回し続けることで、業務のマンネリ化を防ぎ、効率化し続けることができるのです。

⑤ IT を活用する

**IT を活用した業務の効率化を進め、
組織のメンバーに実行させる。**

仕組みづくりに欠かすことができないのが IT の活用です。では、IT を活用すれば何ができるのでしょうか。

まず情報共有が効率化できます。会社にはさまざまな経営情報があります。その情報を必要な人に、効率よくタイムリーに伝えて共有するため、グループウェアやメールなどの IT ツールを活用するわけです。

例えばマネージャーが顧客先に訪問し、自社の事業展開にプラスとなる営業情報を得たとしましょう。その際、グループウェアやメールなどの IT を活用すれば、瞬時に必要な人に情報を伝えることができます。一方、IT が導入されていない場合、ひとりずつ電話か対面で対応しなければなりません。対応にかかる時間の違いを考えると IT を活用する意味が理解できるでしょう。

さらにITの優れている点は、情報が蓄積できる点です。口頭で情報を伝えるだけでは、自分も相手も記憶に残るだけです。ところがITを活用すれば、情報がすべて蓄積され、必要なときに必要な情報を引き出して参照することができるのです。これを仕組みづくりの観点で考えると、〝どのような情報をどのように蓄積し、誰が参照するのか〟という仕組みをITで構築するということです。

ITを活用できる組織とは、すべてのルールをITの流れに沿って厳格化させているといえます。習慣化させるために、ITを使わなければ仕事が完結しない仕組みを取り入れているところが多いのです。顧客情報を必ずデータベースに入力しておけば、詳細な情報を参照するためにはデータベースにアクセスせざるを得ません。しかし、それは業務の効率化に大きく貢献します。引き出しの中の名刺を探しているときは、その時間の無駄に気づかないものです。

つまり、ITを活用することで業務を効率化できるのです。自社のITを活用した仕組みづくりに参加することに加え、そのルールを組織のメンバーが実行できるよう指導するのもマネージャーの役割です。

6. リスクマネジメント

①リスクの芽を摘む

組織でリスクの芽を摘む
マネジメントサイクルを定着させよ。

社会の成熟や情報化が進展する現在、ひと昔前には想像できないような新種の経営リスクが数多く発生するようになりました。マネージャーは想定されるリスクを常に念頭に置き、その芽を早急に摘む能力が求められます。リスクに対する情報感度を高め、万全のリスクマネジメントを実践するためにも、どのような危険要因が存在するのかを認識するのが第一歩です。

リスクマネジメントを実践するにあたり、まず〝リスク〟とは何かを考えてみましょう。リスクとは、一般的に〝予想通りにいかない可能性、危険度〟などと解釈されます。これを企業経営におけるリスクという観点で考えると、〝経営に損失を与える危険性〟ということになるでしょうか。つまりリスクとは、実際に起きた事象ではなく、未然に防ぐべき危険性の総称ということです。本書では、次項と次次項で「クレーム対応」「トラブル対応」について取り上げています。クレーム対応とトラブル対応は広く考えるとリスクの一種でもあります。

リスクマネジメントの概念図

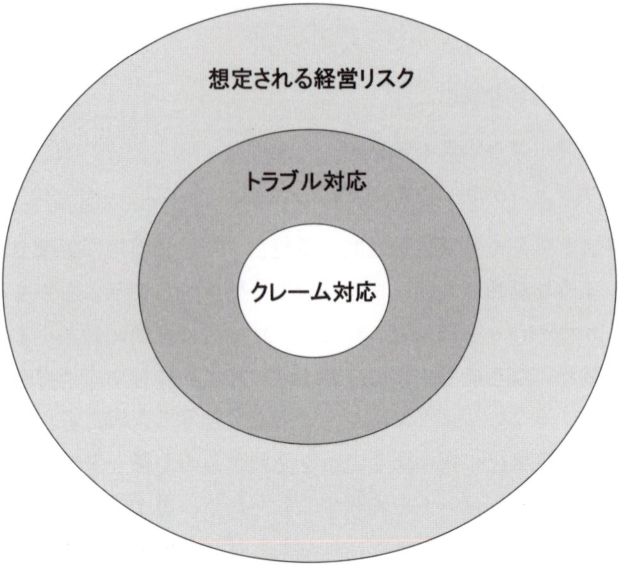

では、企業経営におけるリスクの具体例を見ていきましょう。企業の経営リスクは多岐に渡ります。それらをまとめると以下になります。

想定される経営リスク
お客様の厳しい要求／クレーム／トラブル／風評／労働災害／天災／取引先の倒産／知的所有権の侵害／社員の犯罪／過剰雇用／カントリーリスク／社員の労務問題／社員のプラバシー保護／情報セキュリティ／火災／交通事故／コンプライアンスetc.…

ざっと挙げるだけでもこれだけのリスクが考えられます。しかし、リスクが顕在化したときはすでに状況が悪化していることが少なくありません。従って、マネージャーはこれらのリスクが顕在化する前にその芽を摘む能力が求められます。

『ハインリッヒの法則（1：29：300)』をご存知だと思います。これは、「ひとつの重大事故の下には29の軽症事故があり、その下には300の無償事故がある」という意味です。これは企業のリスク管理にもよく例えられ、ひとつの重大事故の背後に300のヒヤリハットが存在しているとされています。マネージャーは企業経営におけるヒヤリハットを早期に発見し、対処しなければなりません。

このヒヤリハットは、『割れ窓理論』における〝一枚の割れた窓〟と同じです。『割れ窓理論』では、一枚の割れた窓が放置されると凶悪犯罪が増えるとしています。これは、割れた窓（ヒヤリハット）の放置を徹底して取り締まることで、凶悪犯罪（重大事故）を未然に防ぐことができるとする考え方でもあります。

マネージャーは自身のリスクマネジメントの実践はもちろん、現場でリスクの芽を摘むマネジメント体制を築かないといけません。潜在リスクを察知し、組織で情報共有して対応策を検討し、組織でリスクの芽を摘むマネジメントサイクルを定着させてください。マネージャーが中心となり、現場全体でヒヤリハットを防ぐことがリスクマネジメントの要です。

潜在リスクとは

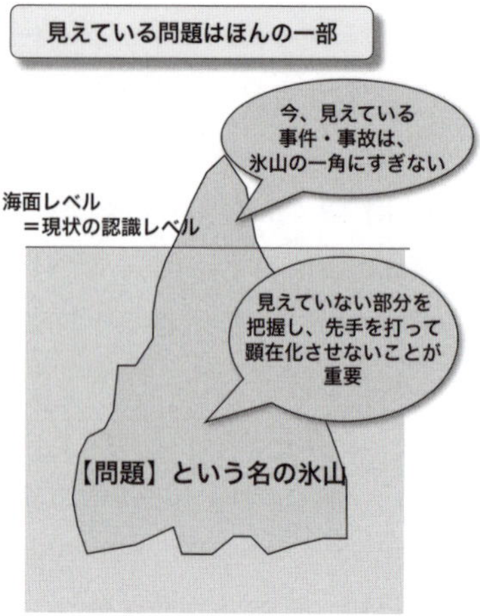
見えている問題はほんの一部
今、見えている
事件・事故は、
氷山の一角にすぎない
海面レベル
＝現状の認識レベル
見えていない部分を
把握し、先手を打って
顕在化させないことが
重要
【問題】という名の氷山

②クレーム対応

**クレーム再発防止策を組織で共有し、
実行できるかが組織力強化のカギを握る。**

経営情報の中で最も大切な情報のひとつがクレームであり、情報共有化の中で最も難しいのがクレームの共有でしょう。つまり、クレームの共有が実践できているかどうかが組織力のバロメーターとなるのです。

クレーム対応で大切なことは、組織で実践することです。誰でも自分が引き起こしたクレームを上司に報告するのは気が引けるものです。しかし、クレームを現場で抱え込み、個人で完結するのは避けなければなりません。マネージャーは現場が引き起こしたクレームを常に把握し、組織で対応策を検討することが何より大切です。

組織でクレーム対応に当たることで、会社としての適切な処置が可能になるのはもちろん、再発防止につなげることができます。クレーム発生の原因と対応策を文書化し、ノウハウを組織で共有することで、同じミスを他の人が起こさないよう事前対策ができるのです。クレーム再発防止策を組織で共有し、実行できるかどうかが、組織力強化の大きなカギを握るのです。

クレーム対応はリスクマネジメントの一種でもあります。よって、クレームが顕在化する前に、その芽をいかに摘むかが大切です。これを潜在クレームと呼びます。しかし、現場経験の浅い営業担当者は、お客様の潜在的な不満に気づかないことも少なくありません。組織で潜在クレームに対応するためにも、マネージャーが現場の情報を常に把握し、お客様の変化の兆しを敏感に察知しなければなりません。そのため、マネージャーは現場から営業報告を常時上げさせ、しっかりチェックするこ

潜在クレームと顕在クレーム

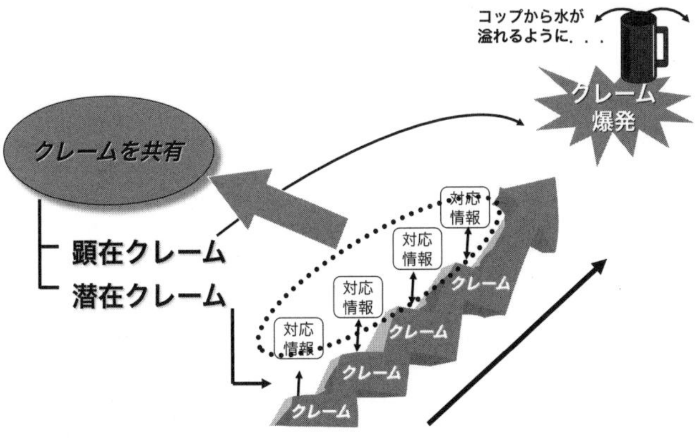

とが重要です。現場社員が気づいていないクレームの兆候を発見した際は、組織で情報共有し、早急に対応するのです。通常と異なる変化が現われたときこそ、潜在クレームが顕在化するタイミングです。このとき、現場の担当者が「まあいいか」という気の緩みで流してしまうと、後々大きなクレームに発展することも多々あります。

当然ながらクレームはできる限り未然に防がなければなりません。しかし、一方でクレームの対応がきっかけでお客様がロイヤルカスタマーになっていただくケースもあります。クレームに対して逃げず、組織で誠心誠意対応すれば、お客様はついてきてくれるものです。

③トラブル対応

トラブル対応のポイントは、
万が一を想定した〝心構え〟にある。

トラブルは想定される経営リスクの一種であり、組織活動の重要な取り組みです。トラブル対応は〝心構え〟が最重要です。

賑やかな繁華街で車を運転しているシーンを想像してください。多くの路地や物陰が存在し、そこから歩行者がいつ飛び出してきてもおかしくない状況です。このように、“いつ飛び出してきてもおかしくない”と想定できるか、できないかが大きな差となります。例えば、“歩行者が飛び出してくるなんてありえない”と楽観し、郊外のハイウェイのように、スピードを出して走り抜ければ、いつか事故を引き起こすはずです。常に、“飛び出してくるかも”と思っていれば、路地や物陰の前で条件反射的にスピードを落とすことも覚えます。つまり、トラブル対応の要諦は、常にトラブルが起こることを想定し、センサーを磨いておくことなのです。

部下のデレゲーションでも同じです。部下は上司の思った通りには動いてくれません。クライアントとトラブルを起こすこともあるでしょう。だからこそ、万が一を想定し、常に進捗確認しないといけないのです。

トラブルは外部だけでなく、内部の問題もあります。例えば重要な仕事を任せている部下が「辞めたい」と相談に来た場合、そのときに慌てるようではマネージャー失格です。普段から、仕事を任せている社員が辞めることも想定し、仕事を割り振ることが重要です。その想定ができていれば、必然的に割り振る仕事のノウハウ化と共有化も必要となるでしょう。こうした万が一の備えは、ノウハウを組織で共有することにもつながるのです。

トラブル対応の基本手順

① 最悪の事態を想定しておくこと
② 普段から準備を欠かさないこと
③ 組織でトラブル対応できるよう教育すること

話をまとめると、トラブル対応でまず大切なことは、【①最悪の事態を想定しておくこと】です。その上で、想定のもとに【②普段から準備を欠かさないこと】が大切です。普段からシミュレーションしておくことに加え、過去の事例や失敗から学ぶことも多いはずです。さらに、自分だけでなく、マネージャーの場合は【③組織でトラブル対応できるよう教育】しないといけません。その際に重要なのは、組織における判断基準です。この判断基準に沿って、トラブル対応を進めていきます。

④セキュリティ対策

セキュリティマネジメントのルールを社内に徹底させよ。

企業が管理する顧客情報の流出など、セキュリティ事故があとを絶ちません。社会のデジタル化の進展で情報が手軽に扱えるようになった反面、情報が容易に外部に流出したり、簡単に消失する時代になりました。

仕事環境はひと昔前とは比べ物にならないほど劇的に変化しています。デスクにはパソコンが置かれ、インターネットを利用して仕事を進めるようになりました。紙の書類がデジタルデータに置き換わり、USBメモリなどを使えばデータを手軽に持ち運ぶこともできます。電子メールを利用すれば即座にデータを相手に送信することもできます。情報自体の重要性はいまも昔も変わらないのですが、その扱い方が便利になったからこそ、セキュリティ事故が頻発しているのでしょう。

会社には数多くの機密情報があります。顧客情報や売上情報、販売情報などはもちろん、新規プロジェクトの計画なども大切な経営情報です。こうした機密情報が外部に流出すると、お客様や取引先からの信用を失墜することはもちろん、場合によってはひとつのセキュリティ事故が企業を崩壊させることさえあるのです。マネージャーはセキュリティ対策の重要性を認識し、社内にセキュリティマネジメントを徹底させなければなりません。

セキュリティ対策を徹底させるためには、情報が流出しやすい状況を把握しておく必要があります。情報が流出する場面としてまず考えられるのが電子メールでしょう。電子メールはあて先を書いて送信ボタンをクリックするだけで、情報を手軽に送ることができます。便利であるがゆえ、あて先を間違えるだけで簡単に機密情報が外部に流出します。また、電車や飲食店などで機密情報が入った鞄を置き忘れたり、USBメモリを紛失するなどの人的ミスもあとを絶ちません。あるいは自宅に仕事の続きを持ち帰り、ファイル共有ソフトを通じて外部に機密

セキュリティ対応を向上させる組織づくり

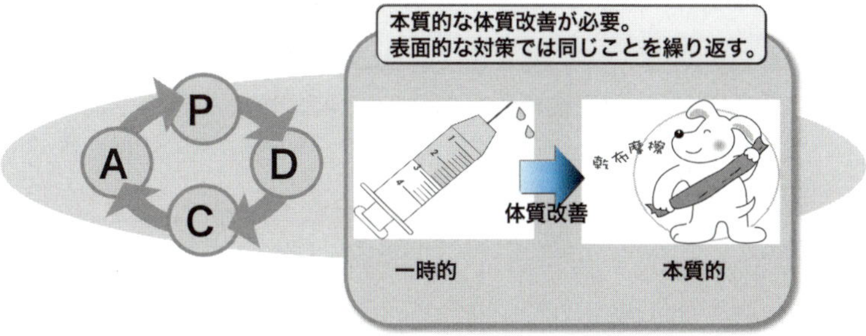

情報が流出した事件も相次いでいます。セキュリティ事故の多くは、こうした社員の不注意が原因なのです。

マネージャーは流出する危険性のあるポイントを抑え、セキュリティマネジメントのルールを社内に徹底させなければなりません。社員一人ひとりの行動すべてが、企業の命運を左右するのです。

7. 情報マネジメント

①経営情報の共有と活用に責任を持つ

経営情報を事業活動につなげるため、
組織で情報共有・活動を実践させよ。

企業経営における重要な情報は数多く存在します。マネージャーはまず、経営情報とは何かを理解することが大切です。その上で、経営情報の共有と活用に責任を持たないといけません。ではまず、代表的な経営情報をざっと挙げてみましょう。

経営情報
顧客情報／経営計数情報／社内情報／人事情報／新規事業情報／新商品・新サービス開発／ノウハウ／クレーム情報／研究開発情報／コンペティター情報 etc…

これらは社内における一般的な経営情報です。企業はこうした経営情報を共有し、活用することで事業展開しているのです。情報活用マネジメントにおけるマネージャーの第一の役割は、

経営情報を事業活動につなげるために組織で情報共有を実践することです。１章で述べたように、社長は自社の経営に関係する重要情報を手元に集め、瞬時に把握し、迅速な意思決定を行う必要があります。その際、トップの意思決定に必要な情報が個々の社員の手元に残ったままだとどうでしょうか。社長は正しい意思決定ができないでしょう。だからこそマネージャーは組織で、判断基準に照らし合わせ、情報共有を実践し、必要な情報が必要な人の手元に迅速に行き渡る情報循環の流れをつくらないといけないのです。

　情報は共有するだけでなく、活用しなければ役目を果たすことはできません。その意味で、マネージャーの次なる役割は、共有した経営情報を活用できる状態にまで高めることです。具体的なプロセスは「収集→共有→醸成→活用」です。個々の社員がバラバラに収集して持っている情報を組織で共有し、社長

情報共有化には明確な基準が必要

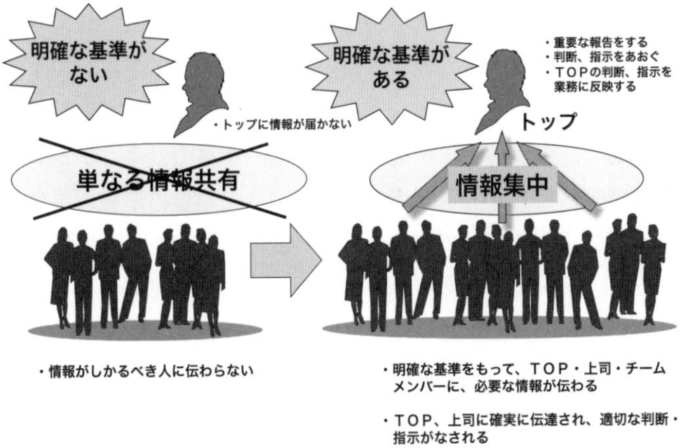
明確な基準がない
・トップに情報が届かない
単なる情報共有
明確な基準がある
・重要な報告をする
・判断、指示をあおぐ
・TOPの判断、指示を業務に反映する
トップ
情報集中
・情報がしかるべき人に伝わらない
・明確な基準をもって、TOP・上司・チームメンバーに、必要な情報が伝わる
・TOP、上司に確実に伝達され、適切な判断・指示がなされる

や経営幹部に集中させることで生の情報を分析、再編集していく。そして、事業活動で使える活きた情報へと醸成するのです。

そのため、情報はタイムリーに伝達されることが必要不可欠です。情報には鮮度があることを知るべきです。鮮度が落ちた情報は、存在意義が半減してしまうといっても過言ではありません。

情報共有・活用化の最終目的は、事業活動に活かすことで企業価値を高めることです。最終的に企業ブランドの向上や利益向上に結びついてこそ、その情報を共有・活用したといえるのです。

②事業の発展機会の情報をつかまえる

自社の事業機会に敏感になり、
必要な情報を感度高く取得せよ。

いまや、情報化社会へ時代は移り変わりました。私たちのまわりには、常にあらゆる情報が溢れ、それを入手するツールもさまざまです。一方、経済が右肩上がりだった従来のビジネス環境では、企業内部の経営情報の活用で問題なく事業展開することができました。

現代は、少子高齢化社会の到来、国内市場の衰退、アジアの台頭……と経営環境が激変する現在、外部環境の情報にも目と意識を振り向ける必要があります。国内だけでなく海外にも視野を広げ、事業の発展機会の情報をつかまえて組織で共有し、活用しないと経営の舵取りが非常に難しい時代です。また、メディアに依存しない生の情報をキャッチできるか、否かも重要です。例えばあなたの会社がアジアでビジネスを始めると仮定した場合、アジア現地の情報を速やかに入手できるでしょうか。最近ではツイッターやフェイスブックに代表されるソーシャルネットワークの活用も見逃せません。従来のメディアではキャッチアップできなかった情報も、IT ツールの進化でいとも容易くつかむことが可能です。

マネージャーはこのように事業に関わる情報に敏感でいたいものです。この情報のキャッチアップ次第で、大きなビジネスチャンスをつかみとることができるかもしれません。

このような時代においては、「ヒト、モノ、カネ、情報」といわれる経営情報のなかでもきわめて「情報」の比重が高いといえます。まさに〝情報を制するものは事業を制する〟です。だからこそ、外部環境である「機会」と「脅威」に対して、現場の最前線に出ているマネージャーが敏感にならなければならないのです。ビジネスの世界はいま、ダイナミックに動いています。その変化をとらえ、先手を打つことで事業の発展につな

情報収集から情報活用へ

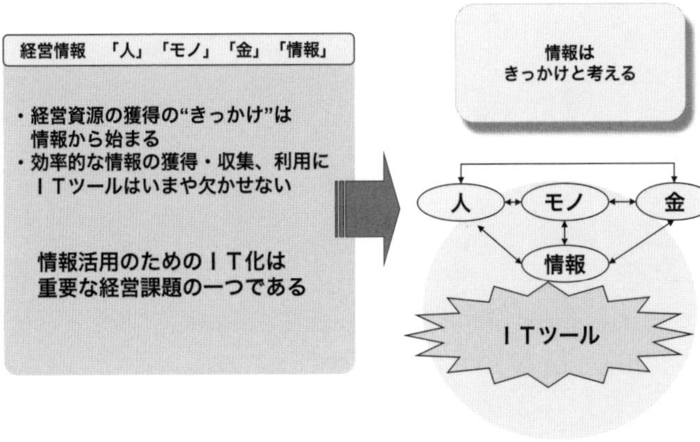
経営情報　「人」「モノ」「金」「情報」
・経営資源の獲得の"きっかけ"は情報から始まる
・効率的な情報の獲得・収集、利用にＩＴツールはいまや欠かせない
情報活用のためのＩＴ化は重要な経営課題の一つである
情報はきっかけと考える
人
モノ
金
情報
ＩＴツール

げることができます。膨大化する情報の中、知らないリスクを無くす努力が必要です。

マネージャーは外部環境だけでなく、足元の情報にも敏感になる必要ももちろんあります。例えばコスト削減。光熱費を例に挙げると、電気代は契約条件によって料金が異なります。電気代を節約する契約条件は他にあるのかなど、マネージャーは目を光らせることも大切でしょう。加えて、マネージャーは情報をつかまえるだけでなく、上層部に対して提案する力も求められます。

第３章

マネージャーに必要なスキル

マネージャーは究極の専門職

ここまでマネージャーの基礎知識や役割を学んできました。ここからは、マネージャーに必要なスキルについて述べていきます。その前に、まずマネージャーとして活躍できる人とはどのような人材のことかを考えてみましょう。

本書の冒頭でも述べたように、マネージャー職は新入社員として入社早々に就くわけではありません。さまざまな職務を経験し、やがて専門職を経てマネージャーに昇進するのが一般的です。マネージャーは組織の管理はもちろん、新人・中堅社員から専門職の人材まで管理する能力が求められます。つまり、マネージャーは組織の中で最もハイスキルが要求される職務なのです。

どの業種で働く人も、キャリアを積むと大きくわけて二つの方向に進みます。ひとつは専門職に進む人、そしてもうひとつはマネージャーに進む人です。ちなみに、マネージャーの中にはプレイングマネージャーというキャリアもあります。プレイングマネージャーとは、自ら業績目標の達成を目指すことに加え、管理職として部下のマネジメントも行う人のことです。本書は、上記ふたつのキャリアのうち、マネージャー（あるいはプレイングマネージャー）に向けて書かれています。

もちろん、専門職に敬意を払わないわけではありません。専門職としてその道を極めた人がいることで、新規商品やサービスの研究開発はもちろん、熟練の技が必要となる高度な製品づくりなどが可能となります。しかし、組織の目標を達成に導くためには、全社的な判断のもとに組織を動かすマネージャーやプレイングマネージャーの存在が不可欠なのです。専門職の人材だけで企業を持続的に成長させることはできません。前述したようにマネージャーは専門職の人材を管理し、組織の中で最もハイスキルが要求される職務です。この意味で、マネージャーは〝究極の専門職〟と考えることもできるでしょう。

中小企業の社長の中には、マネージャーやプレイングマネージャーとしての役割を兼ねている人もいます。自ら営業の最前線に立って顧客対応に全力を注ぎつつ、管理業務から社員の人材育成まですべてにおいて責任を持ってやりきるような経営者です。マネージャーもそうした社長を目指し、アントレプレナーシップを発揮することでマネジメント能力がさらに磨かれます。以下、マネージャーに必要なスキルを参考に、優秀なマネージャーを目指して努力しましょう。

① リーダー然とするべし

マネージャーは人に見られる存在だからこそ、いかなるときもリーダー然とした態度を貫け。

マネージャーはどれほどの苦境に立たされても、弱音を吐くなどの頼りない姿や疲れた姿を表に出してはいけません。なぜなら、リーダーは常に人に見られている存在だからです。フォロワー、つまり一般社員はあまり人から見られることはありません。

マネージャーは人に見られているという意識を持ち、「どう見られたいのか」というリーダー像を常に描いておくことです。理想的なリーダーの姿として歴史上の偉大な人物を思い浮かべてもいいですし、経営者として尊敬している人の姿を参考にするのもひとつの方法です。こうした中から自分なりのリーダー像を決め、その姿に近づく努力をするのです。

では、部下がリーダーに期待する姿とはどのようなものでしょうか。それは、「仕事ができる」「元気である」「堂々としている」「決断力がある」「情熱がある」などでしょう。マネージャーがリーダー然として果敢に難題にチャレンジする姿は部下を勇気づけるものです。リーダーは部下に自信を与え、部下はそんなリーダーを信頼してついていきます。

② 精神的にタフであるべし

いかなる困難が立ちはだかっても、果敢に挑戦する強靭な精神を持て。

マネージャーは、周りからタフだと思われることが多いようです。それは〝健康〟という意味ももちろんあるでしょう。しかし、それ以上に、〝精神的にタフ〟という意味で思われているのが圧倒的ではないでしょうか。「あの人はタフだ」――。マネージャーも周りからそのように賞賛されるくらいの存在感をアピールできれば本物でしょう。

マネージャーの場合、健康面でタフであるのは当然のことです。「健康管理をするべし」の項目でも述べたように、体力づくりを日課にするのはマネージャーの最低限の務めといえます。問題は、精神面です。マネージャーは部下に任せた仕事や自身が管理するプロジェクトの責任を一身に背負っています。その精神的な重圧は相当なものでしょう。しかし、マネージャーが簡単に弱音を吐いては、部下は誰を頼りにすればいいのかわからなくなります。いかなる困難に遭遇しても、内面を表に出さず、現状打開に向け果敢にチャレンジする強靭な精神力がマネージャーには求められるのです。

③ 情報感度を高めるべし

人から得る情報にこそ価値がある。
人と接して情報をつかむ力を磨け。

会社の持続的な成長のためマネージャーはアンテナを常に張り巡らせ、自社の事業展開に必要な情報を得る努力をしないといけません。

現在はインターネットを活用すれば多くの情報を入手できる時代です。しかし、ネットは単なるツールでしかないことに加え、誰でも入手可能な情報しか存在しません。さらに、ネットには玉石混交のぼう大な情報が錯綜しています。したがって、情報の真贋を見分ける力をつけた上で、あくまで補助ツールとしてネットを活用する必要があるでしょう。

世の中に出回っていない重要な情報の出所は、多くの場合は顧客や部下、同僚、知人、などのいわゆる〝人〟です。人から得る情報にこそ価値があるのです。よって、この項目における情報感度とは、人と接して必要な情報をつかむ力のことをいいます。人から重要情報を得るためには、何より相手に信頼されないといけません。この意味で、日ごろから多くの人と信頼関係を築くことが、情報感度を高めるポイントのひとつといえます。

④ リスク察知力をつけるべし

**些細な変化にリスクの芽を感じ、
適切な対応を講じろ。**

マネージャーは管制塔のレーダーのように高く広いアンテナを持ち、リスク察知力を高める訓練をしなければなりません。これはリスクだけでなく、経営にプラスとなる情報を見つけるときでも同じです。

このようにまずアンテナを張りめぐらせる必要があることを前提とした上で、リスク察知力を高めるために最も大切なことは失敗から学ぶことです。失敗した際、なぜうまくいかなかったのかを考え、同じ失敗を繰り返さないよう反省して対処策を考える。その繰り返しにより、リスクを予見することができるようになるのです。

社長のようなリスク察知力を身につけることは難しいでしょう。しかし、マネージャーであれば、少なくとも自分の部下よりも先を見通し、リスクの芽に気づく力が求められます。

リスクは日常の些細な場面に潜んでいます。例えば「顧客の様子が少し違うな」と感じるなど、〝いつもと違う変化〟としてリスクの芽が現れます。マネージャーは日ごろから些細な変化に気づき、過去の経験と照らし合わせて適切な対応が求められます。

⑤ 人間力を磨くべし

仕事ができるだけでは部下はついてこない。マネージャーは人間力を磨く努力を怠るな。

多くの人から厚い人望を得ているリーダーには、言葉では言い表せないような人間としての魅力があるものです。そういう人は仕事ができるだけではなく、相手の心に働きかけて、相手を心から動かす力があります。マネージャーもそうした人間力を身につけるべく研鑽を重ねる必要があるでしょう。人間力の解釈は人によって異なると思いますが、知識やスキルだけでははかることができない、人間としての総合的な魅力といえるでしょうか。

営業職の人は人間力が磨かれます。その理由は、日ごろから多くの人と接する機会に恵まれているからでしょう。マネージャーも重要顧客と商談などで話をする機会が多いはずです。こうした日々の仕事の中で人間力を磨く意識を持つことが大切です。

人間的な魅力にあふれるマネージャーには部下が信頼してついていくだけでなく、社外の人からファンになってもらうこともできます。マネージャーに顧客がつくことで、会社のファンづくりにつながるのです。

⑥ 顧客対応力を高めるべし

顧客対応は〝人〟によるサービスの賜物。マネージャーが率先垂範することが大切。

「顧客を大切にしよう」とはよくいわれることです。確かに企業にとっては顧客が第一。顧客満足を高めることで売上が伸び、会社は発展します。しかし、〝顧客第一〟と連呼しているだけでは単なるお題目に過ぎません。顧客対応は機械化できることではなく、ヒューマンサービスの部分です。ヒューマンサービスとは〝人によるサービス〟の総称で、当社が提唱している顧客対応の重要な要素です。顧客対応は人によるサービスの賜物であるからこそ、マネージャーが率先垂範することが何より大切です。

例えば顧客と接するときは笑顔を徹底しているとしましょう。このとき、マネージャーが無愛想に顧客と接していればどうでしょうか。その姿を見た部下は決して笑顔で接客しないでしょう。マネージャーが率先垂範して見本を示すことが、組織の顧客対応力を高める条件なのです。自社に対する顧客の期待値を理解して、それを超えるためにはどうすればいいか。マネージャーは常に意識し、顧客対応にあたる必要があります。

⑦パーソナルブランドを磨くべし

個々のパーソナルブランドが結集し、コーポレートブランドが築かれると心得よ。

ブランドに人は憧れます。特定の商品を嗜好したり、特定の企業に愛着を抱いたりするのはまさにブランドの力といえます。しかし、このブランドという概念は、企業や商品だけはなく、人にも当てはまります。このことをパーソナルブランドといいます。マネージャーは外部の人から見られる存在、つまり会社の顔となるべき存在です。だからこそ、マネージャーは自身のブランド価値を高める努力が必要です。

パーソナルブランドを磨くためには、自分を客観視する必要があります。そのためには、「ジョハリの窓」を活用するのもひとつの手段です。これは自身を客観視する心理学の手法で、「自分自身が知る自分と知らない自分」「周囲の人が知る自分と知らない自分」という視点で自分を客観的に見つめます。こうして自分の強みと弱みを知り、強みを磨いて相手にアピールすることがパーソナルブランドを磨く第一歩です。

しかし、個人のブランドはコーポレートブランドと連動していることを忘れてはなりません。個人だけが突出するのではなく、会社の幹部クラスが個々のパーソナルブランドを持ち、それらが結集することでコーポレートブランドが築かれるのです。

⑧ 学習するべし

マネージャーは究極の専門職だからこそ、誰よりも学習し続ける意識を持て。

本章の冒頭でマネージャーは組織の管理はもちろん、一般社員から専門職の人材まで管理する能力が求められると述べました。マネージャーは究極の専門職だからこそ、誰よりも学習し続ける必要があります。

学習するとは、資格試験のために教科書を読んだり、暗記することではありません。問題を見つける力、課題を設定して解決する力、学んだことを活かす力など、ビジネスパーソンとしての総合力を養うために学習するという意味です。

ビジネス環境は日進月歩で変化しています。これらの変化に乗り遅れることなく、最新の情報を得て事業展開するためにも日々の学習は絶対条件です。もちろん、スキルや知識だけでなく、トラブル対応やコミュニケーション力、人付き合いなどに関しても学び続ける必要があるでしょう。

大切なことは、日常生活すべてにおいて〝学ぶ意識〟を持つことです。同じ事象に遭遇しても、そこから何かを学びとる人と、何も得ることができない人がいます。学習し続ける意識を持つことで、いかなる状況からもビジネスのヒントを得ることはできます。

⑨ 自律するべし

部下に対して厳しいだけでなく、何より自分に対して厳しくあれ。

マネージャーは自律した人間でなければなりません。では、自律とはどういうことでしょうか。それは、部下に対して厳しいだけでなく、何より自分に対して厳しいということです。人に対して厳しくすることは誰にでもできます。しかし、自分に対して厳しくあろうとするためには自らを律する力が必要です。

人間は本来弱い生き物です。自分で決めたことを守るのはとても苦手です。だからこそマネージャーは自身で立てた規範に従って行動することが大切です。ここで最も重要なことは、人が見ていようが見ていまいが、常に同じ言動、行動に徹することです。人に見られているところで自分を律することは簡単です。しかし、誰も見ていないところでも自身の規範に従って行動することは容易ではありません。

組織を管理するマネージャーが、部下が見ていないところで手を抜く人だとどうでしょうか。そんなマネージャーのもとでは組織がまとまるはずもありません。人が見ているかどうかに関係なく自分を律することができるからこそ、部下に厳しく接しても説得力が生まれるのです。

⑩コミュニケーション力を高めるべし

マネジメントを発揮する最大のポイントがコミュニケーション力だ。

当然ながら仕事はひとりではできません。どのような仕事でも他人の理解と協力を得ることが重要であり、それらが仕事に成果をもたらすポイントです。マネージャーは組織の中心で働いているからこそ、高いコミュニケーション力が必要となります。

マネージャーが意識すべきことのひとつに顧客とのコミュニケーションがあります。相手に受け入れてもらうためには、まず自分が相手を受け入れないといけません。そして相手のニーズを深く理解し、それに応えることで信頼が築かれていくのです。相手の思いを読み取りながら、良好な人間関係を築く力がマネージャーには求められます。

マネージャーは組織の中枢で働いているからこそ、部下や上層部とのコミュニケーションが必要です。仕事仲間との意思疎通を円滑にすることで、チーム一丸となって働くことができます。このように、マネージャーはチームをまとめる力も必要なのです。リーダーシップを発揮するために最も大切なことがコミュニケーション力です。

⑪自分より部下のことを先に考えるべし

自分の都合で部下のホウレンソウを後回しにしてはマネージャー失格と心得よ。

部下からのホウレンソウに常に耳を傾ける義務があります。部下は仕事が切羽詰っているときや極度に疲れているときに相談にやってくるものです。まさに弱り目に祟り目、困ったときにさらに困難が降りかかるような状態です。ただ、そのときにどう対応するかで、マネージャーの真価が問われると心得てください。

マネージャーはいかなる状況でも、自分より部下のことを最優先に考える必要があります。確かに、マネージャーは部下の育成だけが仕事ではありません。自身が抱える顧客の対応も必要ですし、プロジェクトの進捗管理や予算管理などのぼう大な管理業務もあるでしょう。マネージャーにとっては部下に任せている仕事は〝一部〟に過ぎないかもしれません。しかし、部下にとっては上司に任された仕事が〝全部〟なのです。よって、自分の都合で部下のホウレンソウを後回しにしていてはマネージャー失格です。

⑫率先垂範を忘れず行動するべし

**火中の栗を拾う覚悟で
部下に背中を見せる勇気を持て。**

ビジネスは時に難題が立ちはだかるものです。業績の急激な落ち込み、クライアントとのトラブル、災害などの予期せぬ危機…。そんなときにリーダーであるマネージャーが萎縮しては組織の士気が低下し、戦力ダウンは免れません。マネージャーたるもの火中の栗を拾う覚悟で部下に背中を見せる勇気が必要です。日ごろは部下に強く指示するものの、緊急事態が発生すると及び腰になる一。そんなマネージャーでは、当然ながら部下の信頼を得ることはできないでしょう。肝心なときに逃げる人に人はついていきません。

自らの利益を省みず燃え盛る炎の中に飛び込み、陣頭指揮を執って組織を牽引する強いリーダーシップを発揮する。そんなマネージャーの姿が組織を鼓舞し、難題をチームで克服する力が生まれます。つまり、常に“率先垂範”の姿勢を忘れてはなりません。万が一の事態でもひるむことなく立ち向かうため、マネージャーは日ごろから危機対応についてのシミュレーションと自己研鑽に努めておくことが大切です。

⑬ 判断基準を高めるべし

**明確な判断基準を持って
組織のメンバーに情報を伝達せよ。**

マネージャーは社長や幹部と判断基準を共有し、その基準をもとに行動することが求められます。例えば個々のマネージャーがバラバラの判断基準で部下に指示を出すと、一体感ある組織活動を行うことはできないでしょう。

判断基準は広く普遍的なものではありません。各社によって異なるものです。例えば、人事考課を行う場合、会社としての評価基準をマネージャーが頭に入れておかなければ、公平・平等に部下を評価することはできません。あるいは採用活動の際、会社が求める人材像を把握していなければ、お互いにミスマッチとなる採用になる可能性も否定できないでしょう。

つまり、判断基準は一般論を拠りどころにするものではなく、各社の環境や状況によるものなのです。加えて、社長の考えなどの数値化できない部分も判断基準に含まれます。マネージャーは会社の環境や状況、社長の考えやビジョンなどをしっかりと理解し、組織の一員としての判断基準を高める必要があります。こうしてマネージャーの判断基準が高まることで、部下の行動や意思統一を図り、組織力を強化することができるのです。

⑭ PDCAを実践するべし

**仕事ができる人とは、
チェックができる人である。**

マネジメントにPDCAが欠かせないことは2章でも述べたとおりです。PDCAが組織に根づかない最大の理由は「C」「A」がしっかりとなされないことにあります。なかでもマネージャーが部下の管理をする際は、「チェック」ができなければなりません。

仕事をチェックすることは多くの人にとって最もやりたくないことでしょう。あるいはチェックをされる側にとっても、細かなことまで確認されるのはわずらわしく感じるかもしれません。

しかし、組織の長として働くマネージャーがチームや部下の仕事の内容や進捗をチェックできないようでは論外です。マネージャーはこの壁を超えなければなりません。仕事ができる人とは、チェックができる人に他ならないのです。

また、マネージャーの心構えとしても、最後までチェックをやり切る意識を持つことが大切です。仕事においては最後にチェックする人間の責任が大きいものです。マネージャーは最後にチェックすることから逃れようとするのではなく、自分がラストパーソンだという責任を持ち、手抜かりなくチェックできるようにならなければなりません。

⑮ 情報共有を実践するべし

**トップと現場の間に立ち、
情報の流れを活性化せよ。**

情報共有は強い組織の根幹を成すものです。企業のトップは必要な情報を自らの手元に集め、経営判断を下しています。営業情報や顧客情報、クレームやトラブルなどの現場の情報がトップに滞りなく流れることで、的確な経営判断を行うことができるのです。マネージャーは現場に情報共有を促し、組織で必要な情報が共有できるようマネジメントする役割を担っています。

情報化社会を迎えた現在は玉石混交の情報が錯綜しています。マネージャーは組織活動に必要な情報は何かを理解し、それに関する情報を集め、組織で共有しないといけません。その意味では、マネージャーは情報感度を磨いておく必要もあるでしょう。

また、会社経営の全責任を負ってビジネス活動している社長と、日々の業務に追われる現場社員との間には、時としてギャップが生じるものです。組織運営を円滑に行うためにも、マネージャーが社長の立場と考え方を理解し、トップの意思やビジョンを現場に浸透させなければなりません。マネージャーはトップと現場の間に立ち、情報の流れを活性化させる必要があるのです。

⑯ 公平であるべし

自らの好き嫌いで部下と接するのはマネージャー失格と思え。

人間にはどうしても好き嫌いがあるものです。しかし、多くの部下を持つマネージャーが自らの好き嫌いで部下と接していたらどうでしょうか。例えば、好きな部下はよく飲みに誘うけれど、嫌いな部下は口も利かない。これではマネージャー失格です。それほど露骨なものではなくても、部下は上司の微妙な態度に不公平感を感じ、モチベーションを低下させてしまうでしょう。マネージャーは部下に対して何より公平であらねばなりません。

公平さが最も求められるのは人事評価です。人事評価は部下の業績評価が昇進や給与にも反映されるため、公平、公正、そして客観評価が大前提です。会社が望む人物像をベースに部下に期待することを明確に示し、部下の成長を願う気持ちで公平、公正に客観評価を行う必要があります。部下は公平、公正に評価されていると実感することでやる気が高まり、上司への信頼も厚くなります。誰に対しても公平な対応を徹底するからこそ、部下の納得と信頼を得ることができるのです。

⑰ 夢を語るべし

**会社のビジョンを熱く語り、
部下の心を奮い立たせる上司になれ。**

マネージャーはビジョンを熱く語り、部下の心を奮い立たせて目標達成まで導く力が必要です。高度成長期のように経済が右肩上がりの時代は誰もが夢を見ることができました。しかし、少子高齢化や国内市場の縮小などを背景に現在のビジネス環境は厳しさを増しています。こうした時代だからこそ夢や目標を語ることができるリーダーが必要なのです。自社の業績悪化を外部環境のせいにして、将来を悲観するリーダーには部下はついていかないでしょう。自身の内部から強いエネルギーを発し、周りに伝播させるのが本当のマネージャーの役目です。

しかし、勘違いしてはいけないことがあります。熱く語る夢とは、会社のビジョンのことです。自分個人の夢を部下に語り続けるのとは意味が違います。個人的な夢を持つのは有意義な人生を送る上で大切なことです。しかし、上司の個人的な夢ばかり聞かされる部下の心はそれで燃えるでしょうか。マネージャーの役割は組織やチームの目標のもとに進むべき方向性を指し示し、メンバーを牽引することです。

⑱ 継続力をつけるべし

継続できる人がチームに夢を与え、目標を達成に導くことができる。

「継続は力なり」——。これは誰もが理解し、誰もが少なからず意識して努力していることだと思います。人生を賭けたような大きな目標を掲げる必要はありません。日常生活の小さな積み重ねが継続力を養うのです。自ら決めたことをコツコツと続ける力。それは自律した人間だからこそできる習慣です。逆に考えると、日々の小さな積み重ねが難しい人は、仕事でも継続力を発揮できないといえるでしょう。

前項目で「夢を語る」ことの大切さをお伝えしました。これは居酒屋で酔いに任せ、その場限りの夢をうそぶくことではありません。棋士の羽生善治氏が「才能とは、情熱や努力を継続できる力」だと著書で語っています。大リーグのイチロー選手の活躍の背景には、地道な努力の積み重ねがあるのは誰もが知ることでしょう。つまり、夢を語り続け、そこに向かい努力し続けることが大切なのです。成功するための唯一の道は、あきらめずにやり続けることです。何事もあきらめず、最後まで継続できる人がチームに夢を与え、目標を達成に導くことができるのです。

⑲ 現状打破をするべし

現状維持は衰退の始まり。現状打破の積み重ねで組織は成長する。

事業活動の停滞はマンネリ化が一因であるといわれます。組織のマンネリ化はチームを率いるマネージャーの責任といえるでしょう。たとえ売上などのチーム目標を達成していたとしても、現状維持で満足してはいけません。現状維持は衰退の始まりです。だからこそマネージャーはチームに新たな目標、新たな課題を設定し、一丸となって果敢にチャレンジさせることが重要です。現状打破の積み重ねで組織は成長するのです。

マネージャー自身の現状打破も常に意識しておく必要があります。組織の成長と同じく、個人の場合も現状維持で成長は望めません。人間は本能的に安定を好むようです。しかし、安定志向はマンネリ化の原因にもなりかねません。マネージャーは何事にも興味を持ち、現状打破する前向きな心を持ちたいものです。

伸びる人と伸びない人の違いを極論すれば、常に新たな世界に飛び込み、自分を高め続ける努力ができるかどうかではないでしょうか。部下を育成するマネージャー自身が、まず成長し続ける存在であるべきです。

⑳ 社会の動きに敏感であるべし

**会社は社会の一員だからこそ、
世界の動きに敏感になれ。**

会社は社会の中に存在しています。だからこそマネージャーは社会の動きに敏感でなければなりません。会社が存在する〝社会〟とは、ひと昔前のビジネス環境では〝日本〟を意味していたかもしれません。しかし、グローバル経済の到来によって世界を見据えたビジネス展開を余儀なくされています。とりわけ昨今のアジアの台頭は目覚ましく、アジアを含めた世界各国の情勢や経済の動きが自社の経営にダイレクトに影響する時代です。つまり、ここでいう〝社会〟とは、〝世界〟を指すのです。

中小企業のマネージャーは、大企業の人以上に世界の動きに敏感になるべきです。大型タンカーのように大海原を航海する大企業は、社会が多少変化しただけではびくともしないかもしれません。しかし、小船のように不安定な中小企業は小さな嵐でも転覆の危機にさらされます。世界の動きが自身の身の危険に直結するからこそ、中小企業のマネージャーは世界の動きを敏感にキャッチするセンサーを磨いておく必要があるのです。

㉑ 数値で判断できるべし

経営数字を頭に叩き込んでいるからこそ、瞬時に数字で判断できるようになる。

マネージャーは部下のマネジメントだけでなく、部署やプロジェクトの目標管理や予算管理などの管理業務も担っています。会社の目的は利益を出すことです。よって、マネージャーになる前提条件として、経営数字が理解できなければなりません。ただし、資料を見ないと数字が覚えられないようではマネージャー失格です。資料を見なくても経営数字がパッと思い浮かぶようになるまで、真剣に頭に叩き込む必要があります。そうすれば、「目標数値まで売上があといくら足りないのか」「目標達成するために誰がどれくらい新規契約を取らないといけないか」など、資料を見て電卓をはじかないでも経営数字の大枠を直感的につかむことができるようになります。経営数字を頭に叩き込んでいるからこそ、瞬時に数字で判断できるのです。

２章で、「経費は自分の財布から出ていっていると思え」と述べました。同じように、自分の財布にいくらお金が入っているのか、わからない人は少ないでしょう。数字を頭に叩き込むとは、つまり経営数字を〝自分の数字〟にすることなのです。

㉒ プロアクティブであるべし

誰よりも早く気づき行動できる力と、部下の行動を見守る力の両方を持て。

マネージャーは起こりうる問題に誰よりも早く気づき、行動できる力が求められます。このように、先手で行動することを〝プロアクティブ〟と呼びます。ただ、一見矛盾するようですが、マネージャーがいつも先に行動してはいけません。マネージャーは部下を育成する役割もあります。よって、たとえトラブルの前兆をキャッチしたとしても、即行動するのではなく〝考えが先〟だと心得てください。

何か問題を見つけたとき、それに対して確実に手を打てる心積もりをした上で、あえて部下の行動を待つのです。マネージャーが先に行動してばかりでは、部下は育ちません。まずマネージャー自身がその問題に対処できるかを確認し、その上で部下を試すのです。ぎりぎりまで待っても部下が気づかず行動に出なかった段階で、火消し役としてマネージャーが動きます。この際もマネージャーはひとりで行動するのではなく、まず部下に気づきを促すことが大事です。自分が動くか、部下を試すか。このさじ加減がマネージャーの力量にかかっています。

㉓ 健康管理をするべし

心身ともに健康だからこそ
ビジネスを全力で楽しめる。

朝から夜まで気力満々で働き続けるためには、当然ながら心身ともに健康体でなければなりません。ビジネスは体力勝負の面があるのです。マネージャーは部下のマネジメントに加え、ぼう大な管理業務を抱えています。プレイングマネージャーであれば自らの業績管理や顧客対応など、なおさら激務にさらされているはずです。だからこそ常に万全の体勢でビジネスに臨めるよう、日ごろから健康管理を徹底するのは大事なことです。体調不良で頻繁に会社を休むマネージャーが部下に信頼されるでしょうか。まして、メタボを気にするようでは情けないといわざるを得ません。

気力あふれる心身を維持するために体をどうつくるか。スポーツ選手にトレーニングが欠かせないように、ビジネスパーソンにも体づくりが必要です。例えばジョギングするもよし、プールで泳ぐのもよし。週に一度、ジムに通うだけでも体づくりになるだけでなく、精神的なリフレッシュにもつながります。心身ともに健康だからこそビジネスを全力で楽しむことができるのです。

㉔ EQを高めるべし

相手の気持ちのわからない人にマネージャーは務まらないと心得よ。

「仕事ができるだけでは部下はついてこない」と前述しました。マネージャーは感情で人に訴えることができる人のことをいいます。そのために、マネージャーはEQを高める努力が必要でしょう。EQ（Emotional Intelligence Quotient）を直訳すれば〝心の知能指数〟となります。もう少しわかりやすく説明すると、〝自分の感情を把握するだけでなく、相手の感情も理解して、お互い気持ちよくコミュニケーションできる能力〟ということになるでしょうか。できるビジネスパーソンは例外なく対人対応能力に優れているといわれます。いくら知識や技術があっても、相手の気持ちのわからない人にリーダーは務まらないのです。

EQを高めると、社外的には顧客とのコミュニケーションが円滑になり、顧客創造につながります。社内的には、部下の気持ちの振幅を理解して、タイミングよく動機づけできるようになります。部下に対してアメとムチを使いわけることができるのは、部下の感情の起伏を理解できるマネージャーといえるでしょう。

㉕ スピード感を磨くべし

スピード感を持って仕事に取り組み、場の雰囲気をピリッと引き締めよ。

「スピード感を持って仕事をしろ」とはよくいわれることです。マネージャーは多くの仕事を同時進行で行っているからこそ、一つひとつの仕事を手際よく効率的にさばく能力、必要な人に必要な情報をスピーディーに伝達する能力などが求められます。しかし、この項目で取り上げるスピードの意味は異なります。

ここでいうスピードとは、〝緊張〟のことです。車を運転しているとき、スピードを出すと緊張感が走ります。反対に、時速30キロのゆっくり運転ではあまり緊張しないでしょう。つまり、スピードを体感すると人間は緊張するのです。これは仕事でも同じです。スピード感を持って仕事をすることで緊張感が走り、場の雰囲気が引き締まります。すると集中力が増して頭の回転が速くなり、能率が上がることはもちろん、仕事の成果へとつながります。反対に、ゆっくりと仕事を進めた場合、緊張感が緩んでダラダラと能率が下がるばかりか、ケアレスミスなどにつながりかねません。熟慮は時に仇となります。大事な仕事だからこそスピード感を持って取り組む習慣をつけてください。

㉖ 三つの目を鍛えるべし

多方面から物事の本質を捉えるため、「鳥の目、蟻の目、魚の目」を持て。

マネージャーはひとつの視点で物事を判断するのではなく、多方面から物事の本質を捉え、総合的な判断を下すべき立場です。日々の仕事の場において、意図して視点をずらすためにも、三つの目を鍛えることが重要です。三つの目とは、「鳥の目、蟻の目、魚の目」です。

「鳥の目」とは、大空から世界を見渡すように物事を俯瞰する視点です。時代の流れ、ビジネス環境、自社の事業活動の進展と課題をマクロな視点で捉えることです。「蟻の目」とは、地に足のついた現場の視点です。新たな戦略をどうするか、直面する課題をどう乗り越えるか、現場の視点で解決を目指すことです。そして「魚の目」とは、水の流れのように移り行く時代の潮流を捉え、ビジネスの方向性を決める視点です。社会やビジネス環境、トレンドの動きをキャッチし、事業のさらなる発展のための次なる一手をどう打てばいいか、経営の舵取りに欠かせない視点です。マネージャーは経営に参画する立場だからこそ、三つの目を鍛え、判断力を磨く必要があります。

㉗ ITスキルを磨くべし

アナログ力が鍛えられている前提で、ITスキルを活用するのは必要なこと。

ITを使いこなすためにはアナログ力が必要――。もはや言うまでもないことです。いくら優れたツールがあっても、それを使いこなす人の能力が低ければ、ITは宝の持ち腐れでしかありません。ただ、情報化社会の現在、ITをツールとして使いこなさなければ、激変する時代の流れに取り残されかねないのも事実です。

ビジネスパーソンの常識として新聞を読むことは当然として、PCやスマートフォンなどから必要な最新情報をキャッチするのは必要なことです。最新情報を集める方法は、新規メディアを活用するほうが効率的といえます。社会はダイナミックに動いています。その流れに乗り遅れないためにも、ITをツールとして使いこなすスキルを磨く努力はしてください。

また、ひとつの記事で物事を判断しないこと。メディアの情報は編集されています。ひとつの記事の内容を鵜呑みにするのではなく、複数の記事から多角的な判断が必要です。ITを駆使しても、最終的には自分の頭で考え判断するアナログ力が求められるのです。

㉘ 事実を直視するべし

**事実を見極める目を養い、
ごまかさず適切に対処せよ。**

マネージャーは事実を見つける目を養う必要があります。なぜなら、人の噂などに振り回されると物事の本質を見失い、的確な判断ができなくなるからです。例えば、部下が営業先から思わぬ朗報を持ち帰ったり、反対にトラブルを引き起こすこともあるでしょう。部下からそのような報告を受けたとき、それが事実かどうか真偽を突き詰めないといけません。部下の報告を真に受けて即行動した結果、誤報だとあとでわかるようなことがあってはマネージャー失格です。

このようにまず事実を突き止めることが先決です。その上で大切なことは、事実を知ったときにどう対処するかです。例えば部下の報告では、上司である自分に不都合な内容もあるでしょう。そのとき、事実をごまかすようなことがあっては断じていけません。事実を知ったとき、メンバーを招集して会議を開くのか、上層部に速やかに報告するのか、適切な対応策を検討することが大切です。事実を直視し、適切に対処する。人の上に立つマネージャーの最低限の心得です。

㉙ メリハリをつけるべし

ビジネスにメリハリをつけることで、効率を高めモチベーションもキープできる。

人の生命の基本は「緊張と緩和」です。緊張し続けても、気を抜き続けても、精神に支障をきたします。生命のリズムに逆らわず、意図してメリハリのある生活を送ることは人間としての基本です。とくにマネージャーは緊張を強いられる立場です。だからこそ、時に気持ちをリラックスさせることは重要です。

緊張と緩和は自分だけでなく、周りに対しても意識するといいでしょう。ビジネスの成果を追求する場面では、緊張感を持って部下に厳しく接することが大切です。一方、仕事帰りには飲みに誘うなどの心遣いも必要でしょう。つまり、自分に対しても、部下に対しても、オンとオフを使いわけるスキルがマネージャーには求められるのです。

組織をまとめる役割のマネージャーは飲み会なども設定できなければなりません。プロジェクト開始時の決起集会や、成功した際の打ち上げなど、マネージャーが旗振り役となってオフの機会を設けることで、メンバーの気持ちをひとつにできるはずです。ビジネスにメリハリをつけることで効率が上がり、モチベーションもキープできるのです。

㉚ 凡事徹底するべし

マネージャー自らが当り前のことを徹底する姿勢を示せる。

マネージャーは部下に率先垂範するためにも凡事徹底しなければなりません。凡事とは、当たり前のことを意味します。つまり、マネージャーが当たり前のことを徹底して率先垂範する必要があるということです。

凡事徹底のなかには当然5Sも含まれます。5Sとは「整理・整頓・清潔・清掃・躾」のことで、例えば毎朝、事務所の整理整頓や掃除を行う会社も多いでしょう。部下のルーチン活動の管理のため、5S活動のチェックを行うのもマネージャーの仕事ですが、部下に5Sの徹底を叫びながら、マネージャー自身の机の上が資料で散乱しているようでは部下は誰もついてこないでしょう。

部下に5Sを徹底させる前に、まず自分が整理整頓に努め、机や事務所の掃除に徹する。もし事務所の床にゴミが落ちていれば自分で拾いゴミ箱に捨てる。自らの身だしなみのチェックもさることながら、挨拶も率先して声を出す。当然ながら、社会人としてふさわしい態度や行動に徹する。そんな上司の徹底した姿を見ることで、部下はいわれなくても凡事に徹するようになるものです。

マネジメント関連 参考書籍

Built to Last: Successful Habits of Visionary Companies
(James C. Collins , Jerry I. Porras)

ビジョナリー・カンパニー
(ジェームズ・C・コリンズ、
ジェリー・I・ポラス)

The 7 Habits Of Highly Effective People
(Stephen r. Covey)

7つの習慣
(スティーブン・R・コヴィー)

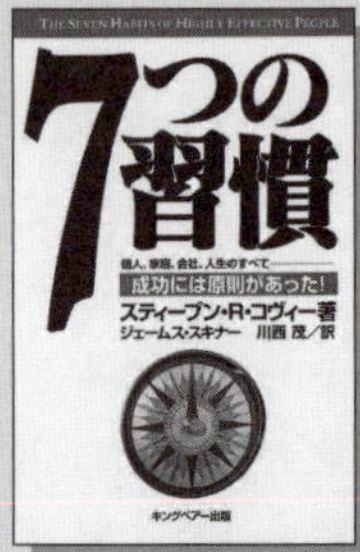

Management
(Peter F Druker)

マネジメント
(ピーター・F・ドラッガー)

Winning
(Jack Welch Suzy Welch)

ウィニング 勝利の経営
(ジャック・ウェルチ、
スージー・ウェルチ)

The Hp Way:How Bill Hewlett and I Built Our Company
(David Pachared David Kirby Karen R Lewis)

HP ウェイ
(デービッド・パッカード、
デービット・カービー、
カレン・ルイス)

＼大好評／

ベトナム語版も発刊しています

ビジネスマナーが知りたいなら
「知らないと恥ずかしい ビジネスマナー」

絶対におさえておきたいポイントを
50 項目で解説しています！

セキュリティに関する知識は
「セキュリティ・ リテラシー」

聞いて納得のポイントを押さえて
今日からリテラシーを高めよう！

日本だけでなく、アジア各国で役立つ教育テキスト

研修・セミナーのご案内

ブレインワークスでは、
自律した人材の育成・ヒューマンブランド化を目指す企業の
ご支援メニューを取り揃えています。
長年のノウハウの蓄積から多数の研修プログラムを
ご提供いたします。

●自律した人材の育成が企業永続のカギ

自律した人材とは自らを律し、常に考え、企業指針に則り行動する人材です。このような人材を育成することは、企業永続のための絶対的条件です。では、どのように育成すれば良いのか。ブレインワークスの研修は、多数の企業研修の実績から構築したオリジナル研修です。

●ヒューマンブランド化を実現する

「企業は人なり」。これからの時代は、社員１人ひとりが会社のブランドに責任を負う時代です。ブレインワークスでは、ヒューマンブランド化を軸にブランディングの一環として価値ある人材を育てることの重要性も伝授いたします。

●企業ＤＮＡを創り伝承する

組織１つひとつの細胞には、「企業ＤＮＡ」が含まれています。各企業ごとに全く違うＤＮＡです。そのようなＤＮＡを含む細胞が分裂を繰り返しながら数を増やし、成長するのです。
その「企業ＤＮＡ」を存続させるためにも、お客様と共に考え、共に走るブレインワークスがペースメーカーとしてお客様に合った研修を提供いたします。

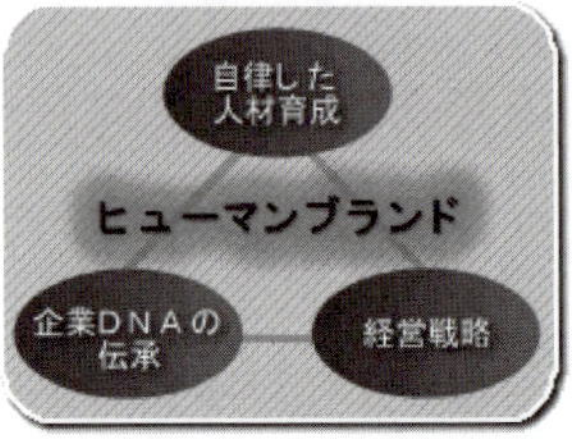

profile

株式会社ブレインワークス

http://www.bwg.co.jp

（株）ブレインワークスは、経営革新、情報共有化、セキュリティ支援、アウトソーシング、社員教育など幅広いメニューを用意し、中堅・中小企業、ベンチャー企業のあらゆる経営課題を解決に導く“お助けマン”。

企業支援のモットーは『ペースメーキング』。提供するサービスすべて自らが実践し、その経験・ノウハウをありのままに伝える。そして、自立型企業への変革をバックアップする。自らが実践者であり続けながら、支援企業とともに走り、ゴールを目指す。

近年はアジアをビジネスフィールドとして事業活動を展開中。
アジアビジネスに関する情報提供サービスを開始し、拠点を構えるベトナムでは日本のマネジメント手法を伝える教育サービスを幅広く展開している。
現在は、ベトナム・ホーチミンの他、中国・上海に拠点を構え、今後は、メコン地域を中心に隣国への拠点展開を予定している。

【東京本社】東京都品川区西五反田 6-2-7
ウエストサイド五反田ビル 3F
TEL：03-5759-5066　FAX：03-5759-5547

【神戸本店】兵庫県神戸市中央区三宮町 1-4-9
ウエシマ本社ビル 5F
TEL：078-325-3303　FAX：078-325-3301

幹部になったら知っておきたい
マネージャー入門

2011年8月30日〔初版第1刷発行〕

著　者　ブレインワークス

発行人　佐々木紀行

発行所　株式会社カナリア書房

〒141-0031 東京都品川区西五反田6-2-7 ウエストサイド五反田ビル3F
TEL 03-5436-9701　FAX 03-3491-9699
http://www.canaria-book.com

印刷所　モリモト印刷株式会社
企画・編集　株式会社コンテンツブレイン
装　丁　新藤昇
D T P　ユニカイエ

ISBN978-4-7782-0198-2 C2034